国家自然科学基金项目·管理科学与工程系列丛书

大型复杂产品制造业集群升级机理及路径

杨 瑾 著

国家自然科学基金项目（71673221）
教育部人文社会科学研究规划基金项目（15YJA630085） 资助
陕西省自然科学基础研究计划项目（2015JM7373）

科 学 出 版 社
北 京

内 容 简 介

在经济全球化和分工国际化的背景下，我国大型复杂产品制造业集群整体上仍然处于全球价值链的中低端环节。推动我国大型复杂产品制造业集群升级不仅具有战略意义，而且具有现实的迫切性。本书基于网络分析理论、模块化理论和逆向外包理论阐释大型复杂产品制造业集群升级的内涵与特点，探究大型复杂产品制造业集群升级的动力因素及其作用机理，构建相应的理论模型，通过实证研究验证理论假设。本书还分别从集群网络结构、模块化和逆向外包三个方面提出促进我国大型复杂产品制造业集群升级的具体路径和对策建议。

本书可作为大学经济管理专业研究生以及从事制造业产业经济与管理领域研究的学者的参考用书。

图书在版编目（CIP）数据

大型复杂产品制造业集群升级机理及路径 /杨瑾著. —北京：科学出版社，2017.6

ISBN 978-7-03-053096-7

Ⅰ. ①大… Ⅱ. ①杨… Ⅲ. ①制造工业-工业发展-研究-中国 Ⅳ. ①F426.4

中国版本图书馆 CIP 数据核字（2017）第 125419 号

责任编辑：徐 倩 / 责任校对：赵桂芬
责任印制：吴兆东 / 封面设计：无极书装

科学出版社出版
北京东黄城根北街 16 号
邮政编码：100717
http://www.sciencep.com

北京京华虎彩印刷有限公司 印刷

科学出版社发行 各地新华书店经销

*

2017 年 6 月第 一 版 开本：720×1000 1/16
2017 年 6 月第一次印刷 印张：11 1/4
字数：227 000

定价：70.00 元

（如有印装质量问题，我社负责调换）

作 者 简 介

杨瑾（1973.5—），管理学博士，教授，美国奥多明尼昂大学（Old Dominion University）商学院访问学者（2010.1—2011.1）。主要从事高端装备制造业竞争力与竞争优势、高端装备制造业产业政策与管理等方面的研究。先后主持国家自然科学基金项目 2 项，教育部人文社会科学研究规划基金项目 2 项，其他各类省部级基金项目 5 项。先后参与其他国家级和省部级科研项目 10 余项，其中 2 项分别获得陕西省高等学校科学技术奖二等奖和陕西省科学技术奖三等奖。在《科研管理》《中国管理科学》等核心期刊及国际学术会议上发表论文 50 余篇，出版学术专著 3 部。

前　言

大型复杂产品是指研发成本高、规模大、技术含量高、单件或小批量生产的大型产品、系统或基础设施，涉及航空、航天、航海、大型装备、大型电信等系统。大型复杂产品系统是一个国家综合实力的重要标志，对国民经济的可持续发展起着巨大的拉动作用，而且从战略意义上讲，它也是国家安全的需要。然而，大型复杂产品制造业的发展需要基于其供应链的产业集群的强力支持。大型复杂产品制造业集群作为一个拥有成熟产业链的高端产业集群，通过规模效应，带动了与其高度相关的装备制造、高端材料、动力系统、电子通信等产业的快速升级，引领了国家整体产业结构的不断调整和优化，从而有效提高国民经济增长质量，实现了国家经济的跨越式发展。但是，在当前全球经济“再平衡”以及欧美发达国家“再工业化”的冲击下，欧美发达国家对我国的技术锁定使我们越来越难引进核心技术；加之我国目前的自主研发能力仍然较弱，大型复杂产品制造业集群依然处于全球价值链（global value chains，GVC）的中低端环节，较难进一步实现集群升级。在我国经济发展进入“新常态”的背景下，要实现由制造业大国向强国的战略转型，就必须要大力发展全球领先的大型复杂产品制造业。因此，探索大型复杂产品制造业集群升级的机理，不仅可以丰富产业集群升级的理论，更重要的是，能够探寻大型复杂产品制造业集群升级的路径，为政府、行业协会及集群企业提供有价值的对策建议。

本书主要研究大型复杂产品制造业集群升级的机理和路径，进一步从理论上研究促进大型复杂产品制造业集群发展的条件、内在机理和相关的支持策略，重点选取我国有代表性的大型复杂产品制造业集群和集群企业进行实证研究，使理论和我国的实际相结合。本书在以下几个方面做了探索性的工作。

（1）对于大型复杂产品制造业集群绩效的影响因素，国内外学者都做过不同的研究，本书运用文献分析法，将以往研究中所涉及的影响大型复杂产品制造业集群的要素进行提炼总结，并通过调查问卷的形式，对大型复杂产品制造业集群绩效影响因素进行了重新梳理，最终提取出六个影响大型复杂产品制造业集群绩效的关键因素，分别命名为集群内外部环境、集群投融资体系、集群发展后劲、集群科技产出、集群科技创新和集群投入水平。

（2）本书借鉴网络分析理论，首先，选取网络密度、网络中心性、网络强度、信任、信息共享和合作解决问题六个维度作为衡量大型复杂产品制造业集群网络结构状况的指标。其次，根据大型复杂产品制造业集群的特征，提出集群网络结构与集群绩效之间的关系假设，构建两者关系的理论模型，并对网络结构、网络关系与集群绩效之间的影响进行了实证分析。最后，验证了网络结构、网络关系对大型复杂产品制造业集群绩效有正向影响以及网络关系对网络结构有正向影响的假设，同时发现网络结构对网络关系有正向影响的假设不成立。

（3）本书研究发现网络关系嵌入对大型复杂产品制造业集群供应链协同（supply chain collaboration，SCC）能力中同步决策、产品交付及时可靠及激励联盟三个维度均有着显著的正向促进作用。而从细分维度来分析集群供应链协同能力对集群供应链绩效的作用，可以发现：同步决策、产品交付及时可靠及激励联盟均可以显著提升集群供应链运作绩效；激励联盟和集群供应链运作绩效对集群供应链财务绩效有着直接的正向影响，而同步决策和产品交付及时可靠则是通过提高集群供应链的运作绩效间接地影响集群供应链的财务绩效。

（4）本书研究表明产品模块化（modularity）是大型复杂产品制造业集群升级的重要途径。产品模块化的实质是分工模块化，有利于功能相对独立的模块（module）间创新知识的互补、分享与整合，使不同的模块可以"并行研发"，极大地提高了知识创新的速度，同时也规避了创新失败的风险，对集群整体创新能力的提高有显著的促进作用，强化了集群在全球价值链中的核心竞争力，为集群升级提供了重要的契机。

（5）本书对集群创新在产品模块化与集群升级之间的中介作用进行了探索，解释了产品模块化的作用路径，有助于企业家更深刻地认识和理解产品模块化的作用机理。集群创新不仅受到组织的学习能力、研发水平和市场需求等因素的影响，还受到产品模块化水平的影响。这一研究结论契合了熊彼特创新理论中的创新观点，即产品模块化技术的广泛应用能够促进集群的技术创新，进而影响集群升级。

（6）本书研究结果显示环境的动态性对集群创新与集群升级的关系有显著的负向调节效应，而环境竞争性能够显著地增强集群开发性创新对集群升级的促进作用，但是环境竞争性对集群探索性创新与集群升级之间的关系却没有显著正向调节效应。这表明环境动荡性越高，集群创新与集群升级之间的正向作用就会越弱，集群升级就会越困难；而当环境竞争性越强时，集群更倾向于通过开发性创新达到升级的目的。

（7）基于全球价值链、国家价值链（national value chains，NVC）、模块化等产业集群升级理论以及逆向外包理论，本书运用文献分析的方法提出了逆向外包的内涵与形成条件。逆向外包是指发展中国家本土企业主动向发达国家发起的外包（outsourcing）业务活动，主要包括逆向生产外包和逆向服务外包两种类型。逆向外包的形成条件主要包括产业条件、企业条件、市场结构条件及逆向发包国的市场容量条件四个方面。

（8）本书在理论上探讨了大型复杂产品制造业集群升级的内涵与特点，认为大型复杂产品制造业集群升级可以在全球分工体系下，通过逆向生产外包和逆向服务外包，提升集群技术创新绩效，实现集群整体工艺流程升级、产品升级和功能升级。大型复杂产品制造业集群升级的特点主要包括主体特点、动力特点、价值链特点及形式特点四个方面。

（9）本书基于文献和理论分析，提出了逆向外包、知识吸收能力、集群技术创新绩效与集群升级之间关系的若干假设，建立了一个有调节的中介效应理论模型。本书还以我国大型复杂产品制造业集群为研究对象，通过问卷调查和层级回归的分析方法对逆向外包、知识吸收能力、集群技术创新绩效与集群升级之间的关系进行了实证分析，探讨了逆向外包对我国大型复杂产品制造业集群升级的作用路径，揭示了逆向外包促进我国大型复杂产品制造业集群升级的过程，厘清了基于逆向外包的大型复杂产品制造业集群升级机理。

（10）本书在厘清大型复杂产品制造业集群升级机理的基础上，分别从集群网络、产品模块化及逆向外包三个方面提出了促进我国大型复杂产品制造业集群升级的策略，其中重点是从政府、行业协会和集群企业三个主体出发提出了针对性的对策与建议。

本书是在国家自然科学基金项目（71673221）、教育部人文社会科学研究规划基金项目（15YJA630085）及陕西省自然科学基础研究计划项目（2015JM7373）资助研究的阶段性成果基础上，融合了作者多年的相关研究撰写而成的。在本书的撰写过程中，作者要特别感谢作者的三位研究生，她们在参与作者主持的相关课题研究的过程中，结合各自的研究方向，为本书的撰写提供了丰富而翔实的数据和资料支撑。其中，王文苑主要参与了集群网络结构对大型复杂产品制造业集群绩效影响机理的研究，孟艳梅主要参与了大型复杂产品制造业集群模块化升级路径的研究，张渝主要参与了基于逆向外包的大型复杂产品制造业集群升级机理的研究。在此，作者对她们的辛勤参与和付出表示衷心感谢！

在本书的撰写过程中，作者特别强调理论分析和实证分析的结合及研究结果理论价值和实际应用价值的结合。本书中每个理论问题的提出和展开都建立在实证调研基础之上，希望本书能够体现出其实践指导意义。然而，科学研究是没有止境的，当我们回头看时，发现还有许多问题值得去进一步深入研究。由于作者水平和能力所限，书中可能有些不足之处，恳望专家、同仁批评指教。

杨 瑾

2017 年 2 月 18 日

目　　录

第 1 章　绪　　论

1.1　研究背景及意义

1.1.1　研究背景

2008 年以来，经济危机在世界范围内对实体经济造成了巨大影响，甚至是严重损失，那些创新能力不强、国际竞争力较弱和产业集中度低的中小企业在经济危机的影响下岌岌可危，而那些具有核心竞争力和在产业集群支撑下的高新技术产业受到的影响和冲击则相对较小。作为高新技术产业的重要组成部分，大型复杂产品制造业的发展对一个国家的经济发展起着巨大的支撑和拉动作用。

大型复杂产品制造业是以高新技术为主导的战略性新兴产业，在价值链中处于高端核心环节，其竞争优势是整个产业链综合竞争力的决定性因素，在一定程度上推动了工业转型升级，是现代产业体系的支柱。加快大型复杂产品制造业发展和升级的步伐，成为提高我国制造业核心竞争力的必然要求，是抢占未来科技和经济发展制高点的战略选择，对我国实现由“制造大国”向“制造强国”的转变具有巨大的推动作用。

从促进经济发展的角度来看，大型复杂产品制造业是推动国民经济持续稳定发展的重要领域。以被称为“工业之花”的大型飞机为例，据统计，一架大型飞机由 300 万~500 万个零部件构成，涉及机体、发动机、航电设备、机电设备和标准件、其他部件五个主要部分。这些零部件涵盖了机械、电子、材料、冶金、仪器仪表、化工等几乎所有工业门类，需要数以千计的供应商来生产，对国民经济的发展起着巨大的拉动作用。从提高经济增长质量的角度来看，大型飞机对整个产业升级起着极为重要的推动作用。国内外经济发展的历史证明，大型飞机制造是工业发展的催化剂，将引领与其高度相关的装备制造、高端材料、动力系统、电子通信等产业快速升级，辐射和带动国家整体产业结构不断调整与优化，从而有效提高国民经济增长质量。波音公司的研究指出，民机销售额每增长 1%，对国民经济的增长拉动为 0.714%;一个航空项目发展 10 年后给当地带来的效益产出比为 1:80，技术转移比为 1:16，就业带动比为 1:12。美国智库兰德公司的研究也指出，航空高科技企业及其核心技术衍射到相关产业，可以达到 1:15 的带动效应。高质量的经济增长才是积极且可持续的发展动力。

然而，大型复杂产品制造业的发展离不开产业集群的大力支持。根据价值链分工合作的原则，产业集群以一个主导产业为核心，将大量相关企业、组织集聚在某一区域内，进而形成技术、资源上的优势（徐毅和张二震，2008a）。大型复杂产品制造业因其显著特点而多以产业集群的组织形式兴起并发展壮大，如美国西雅图聚集着以波音公司为核心的航空产业集群，而法国的波尔多和图卢兹城周边则是空中客车厂商的基地。同样，在我国西安阎良国家航空高技术产业基地集聚着以西安飞机工业（集团）有限责任公司、中航工业第一飞机设计研究院等为核心的航空产业集群。

随着 21 世纪信息技术、智能技术等高科技技术的应用，模块化技术在产品设计、研发生产中得到广泛的应用，并形成了一种新的组织方式——模块化网络组织。正是由于产品的模块化，产品的生产制造可以分为不同的节点，每个节点由不同的企业独立承担。模块化网络组织利用看得见的规则，即模块间的接口标准，形成一个功能齐全的整体系统；模块内的信息具有封闭性，即其是隐形模块，这样保证了企业间的自我创新空间；部件功能独立性为大型复杂产品制造业模块进一步分解提供了可行性。由此，产品模块化为大型复杂产品制造业以产业集群的方式发展提供了技术条件和平台。

模块化分工的出现不仅有助于发达国家降低成本以及发展中国家经济增长，而且也为大型复杂产品制造业集群的升级开辟了新的路径。但是，不可否认的是，我国大型复杂产品制造业集群模块化升级进程中也遇到了一些阻碍，突出表现在我国产品模块化设计和生产水平仍然较低方面。在经济全球化和国际分工体系下，一方面，我国大型复杂产品制造业集群企业难以突破外国跨国企业的技术控制，在高端环节仍然大量依赖进口；另一方面，我国大型复杂产品制造业集群企业无法形成与外国跨国企业相抗衡的市场竞争力，因此我国大型复杂产品制造业集群整体上仍然处于全球价值链的低端环节，难以实现集群升级和向全球价值链高端攀升。例如，近年来，尽管我国在航空、航海、高铁等大型复杂产品制造业领域取得了举世瞩目的发展成就，但发动机、导航系统、轮毂等关键核心部件仍然受制于发达国家，这严重制约了我国大型复杂产品制造业的发展升级。面对上述困境，我国要实现由制造业大国向强国的战略转型，就一定要大力发展全球领先的大型复杂产品制造业，而模块化是大型复杂产品制造业集群发展的趋势之一，因此，研究大型复杂产品制造业集群模块化升级路径，不仅可以丰富产业集群升级的理论，更重要的是，能够从模块化视角并运用模块化方法探寻大型复杂产品制造业集群升级的路径与对策，为政府、行业协会及集群企业提供有价值的对策建议。

此外，在产品模块化的基础上，近年来逆向外包理论逐步兴起，为我国大型复杂产品制造业集群升级提供新的研究视角和战略方向。逆向外包又称为逆向发包、反向外包、反向发包等。传统外包是指企业把原本在内部完成的生产等活动交由外部企业主体完成的分工方式（徐毅和张二震，2008a）。在经济全球化背景下，外包由一国范围内的企业间层面逐渐扩展到了国际范围内的跨国企业间层面，而十分普遍的现象是发达国家向发展中国家进行跨国外包。如果把这种由发达国家主导的跨国外包在方向上定义为“正向”，那么由发展中国家发起的、向发达国家发出订单需求的跨国外包就称为逆向外包。由逆向外包带来的国际分工，一方面使发展中国家可以利用世界范围内的技术研发资源，尤其是发达国家的核心技术资源，另一方面也为面临本土激烈竞争的发达国家提供了新的市场发展机会。这种分工的演进微妙地改变了以往的全球价值链的格局，为发展中国家本土产业实现由价值链低端向中高端攀升提供了新的路径。我国大型复杂产品制造业集群可通过集群企业主动实施的逆向外包战略，抓住“第二波全球化”机遇，实现集群整体向全球价值链高端攀升。

1.1.2　研究意义

目前，我国大型复杂产品制造业集群呈现出“轮轴式”产业集群的特点，即以集群网络中几个大中型企业为主体，通过先进的技术、富有竞争力的产品和良好的信誉而形成大量的关系链接，这些主体成为集群中的核心，并通过这些关系链接，辐射周边中小企业和其他相关机构，从而实现规模效应，提高集群绩效，带动集群发展。但同时，我国大型复杂产品制造业集群的发展水平和竞争实力总体上仍处于较低层次。

国内外学者从理论层面的创新到实证层面的调查和案例分析，极大地促进了产业集群的研究，而基于社会网络理论去研究产业集群是一个全新的视角。产业集群本身可看做一种网络的组织形态，当其与社会网络理论相结合时，会产生经济学、管理学、社会学等学科的交叉，进而使产业集群的研究拓展到更多、更新的领域。产业集群与社会网络的结合在产业经济学研究中具有学科交叉的优势和先进性，并能为决策者开辟一个新的视角，具有较高的实用性。本书拟运用网络分析理论，以促进大型复杂产品制造业集群升级发展为目标，分析影响大型复杂产品制造业集群绩效的关键因素，提出集群网络结构与集群绩效之间的关系假设，构建两者之间作用机理的理论模型，通过实证研究和假设检验，探究大型复杂产品制造集群网络结构与其绩效之间的作用机理。

在多样化和定制化需求下，大型复杂产品模块化缩短了系统集成商对市场需求和竞争者举动的响应时间，加速了集群的创新。集群内部各模块是知识的载体，其通过对已有生产要素的重新组合降低产品的设计风险，提高产品的创新速度。采用模块化生产方式不仅可以满足批量化生产需求，还能通过对模块进行不同组合满足顾客的多样性需求，使集群创新变得更加灵活，提高集群的创新效率。关于模块化的研究，国外学者通过分析探讨了模块化的成因和影响机制以及在 IT 领域的应用。国内学者也进行了定性和定量研究：在定性研究方面，主要集中在模块化的概念和特征、模块化理论的发展、模块化的优势和劣势以及模块化生产方式对制造业的适用条件等方面；在定量研究方面，主要围绕产品模块化对组织创新、组织绩效、企业能力和新产品开发绩效的直接影响。但是，探讨大型复杂产品制造业集群模块化升级路径的研究相对匮乏。因此，探索模块化与集群升级的关系、产品模块化会对集群升级产生何种影响，以及其影响过程是否会受到其他中间因素的影响具有重要意义。本书研究产品模块化对集群升级的作用机理及过程，不仅可以丰富集群模块化升级这一研究领域，而且也可为政府和企业从相关层面上采取措施，引导、促进和优化大型复杂产品制造集群的持续健康发展起到积极的推动作用。

此外，刘志彪（2012）把我国以出口为导向、“利用别国市场而用足本国低端生产要素”参与经济全球化获得的经济增长称为“第一波全球化红利”。现如今，在全球经济危机背景下，我国应发展基于内需的全球化经济，可以说是“利用本国市场而用足国外高级创新型生产要素”发展本国经济，由此获得的创新经济增长即被称为“第二波全球化红利”。在我国传统的人口红利、土地红利和政策红利逐渐弱化，出口外向型导向与丰富廉价要素驱动相结合的经济增长模式遭遇重大挑战之际（孙喜，2014；戴翔，2014），吴福象和曹璐（2014）认为我国亟须抓住第二波全球化机遇，即发展基于内需的全球化经济，利用我国国内市场充分吸收全球高级生产要素，尤其是消化、吸收和整合全球创新要素，以发展我国的创新经济。而逆向外包恰好是我国引进国外高级生产要素与资源的重要方式和途径。逆向外包战略将充分利用本国市场和全球市场的相互作用关系，最大限度地吸收和消化发达国家的高端创新型要素与资源，为我国所用，促进我国产业向创新型转型与升级。由此，本书在产品模块化的基础上，厘清基于逆向外包的大型复杂产品制造业集群升级机理，不仅有助于丰富和扩展产业集群升级理论，而且有利于提高我国大型复杂产品的高端创新研发技术，向全球价值链中高端攀升，从而实现由“以人为主”的被控制关系向“以我为主”的控制关系转变，以及为我国政府、行业协会、产业、产业集群及集群企业制定相关政策和制度，提升我国大型复杂产品制造业集群的国际竞争力提供决策依据。

1.2 国内外研究现状

西方学者对产业集群理论进行了大量的研究。研究者采用实证研究或规范研究的方法，立足于经济学、地理学、管理学、社会学等不同学科研究产业集群，形成了各种理论流派。Porter 认为，产业集群具有自身不断升级趋势，其升级途径是创造高级生产要素、建立上下游的合作网络、保持国内的竞争环境、政府在升级中制定适当的升级政策。Marshall 认为升级是促进集群健康发展的机制。克鲁格曼认为，产业集群自身具有不断演化的能力。经济社会网络理论认为构建良好的社会网络是集群升级的一个重要支撑。

近年来，一些学者对产业集群又做了进一步的深入研究并取得了丰硕的成果。Chiaroni 和 Chiesa（2006）提出了分类识别集群创建的两种主要形式：①自发的集群，这是关键因素自发共存的结果；②政策驱动的集群，这是由政府角色所引发的，即无论是作为应对危机的工业政策还是作为一项促进某个技术行业发展的决定，政府都想营造适合集群创建的环境。Iammarino 和 McCann（2006）把以交易成本为基础的分类延伸为以集群知识为基础的分类，探讨了定位模式、创新过程和产业集群之间的关系，结果表明，交易成本法、创新、技术体制框架大体一致，而对集群的微观基础、性质和演进的认识与理解是由这些分类系统提供的。Roveda 和 Vecchiato（2008）认为无论是隐性知识还是显性知识的生成与发掘，都会通过社会化、融合性及国际化过程实现对当地企业产品和过程的创新。Chung（2009）通过分析仁川地区的物流业及其相关产业之间的相互关系，为企业提供了一个选择建立航空物流集群战略类型的依据。Kajikawa 等（2010）基于现有的组织和网络理论研究了日本八个地区产业集群中的企业网络，发现这些网络因网络节点企业的薄弱，需要加强网络链接活动以支撑优质网络的发展。Azadegan 和 Wagner（2011）探索了产业升级对创新绩效的影响，对 353 个样本制造商进行路径分析，结果发现通过产业升级和开发创新，公司可以从低端的制造和设计发展到高端的制造和设计。

1.2.1 产业集群理论

产业集群是指一组在地理上靠近的相互联系的公司和关联的机构，它们同处于或相关于一个特定的产业领域，由于具有共性和互补性而联系在一起（王缉慈和王敬甯，2007）。与此相关的理论和概念，如新产业空间（new industrial spaces）、产业区（industrial district）、创新氛围（innovative milieu）、产业集群（industrial clusters）及区域创新系统（regional innovation system）等，均从不同侧面强调新的经济环境下产业集聚对促进产业创新和保持竞争力的意义（李高吉，2010）。

产业集群具有自组织性、产业属性和地理集中特性，因此成为经济地理学、区域经济学、管理学和社会经济学等众多领域的研究热点。

1. 国外产业集群理论研究进展

最早注意到企业空间集中现象的是工业区位理论的创始人 Weber（韦伯，1997），他提出了企业在一定的空间中聚集产生“聚集经济”的观点，并对工业区位进行了研究。但是，Weber 对产业聚集的研究是一种纯理论化的研究，对于企业研究来讲，脱离了一切外部环境因素的限制，研究结论在现实性方面存在很大缺陷（尤振来和刘应宗，2008）。Marshall（马歇尔，1964）从经济学的角度研究了“聚集经济”，他认为，企业集聚到一起能形成外部经济并能更大程度地获取利益。虽然 Marshall 在宏观经济与微观企业的结合上有很大创新，但他的研究没有指出产业本土化的产生原因和方式（Colander，2000）。法国经济学家 Perroux 最早提出了增长极理论的概念，并对集聚经济及其空间联合体进行了研究（Florences，1944）。为研究有支配效应发生时经济的非均衡增长，他引入了“推动单位”及增长极的概念，并以此来探讨产业间的关系（Perroux，1955）。这一时期的理论研究以解释企业的集聚现象为主，学者们将更多的关注点放在产业区内部企业之间的物质联系上，而忽视了企业之间的非物质联系，在研究深度和广度上都还比较初级，并不属于严格意义上的产业集群理论的范畴，因此他们的理论被称为古典理论。

20 世纪 90 年代，意大利东北部以及中部一带的地区产业获得了较快的增长，Becattini（1991）对这些小企业集聚的产业集群现象进行了研究，由此带动了其他国家对产业区的研究，形成了新产业区学派。新产业区理论在研究物质和人力资本的同时，注意到社会资本的作用，并对分工、外部经济和专业化在产业区中的作用做了更为深入的研究（Becattini，2002）。新产业区理论开始从企业与其周边的社会文化环境之间的关系入手研究产业集群的空间结构（Harison，1992），但由于社会文化环境没有度量的标准，且研究视角各不相同，因此并没有形成理论上的完整框架，但新产业区理论仍然是产业集群理论正式进入现代产业集群理论范畴的标志。

整合了新古典经济理论与传统的区域经济理论，通过规模报酬递增和内生的集中经济解释产业的空间集聚问题，是 Krugman（2011）的新经济地理思想。他以规模收益的递增为基础，从经济地理的角度探讨了产业集聚的成因。另外，他还将集聚经济、外部性、规模经济等要素放在企业区位选择、区域经济增长等问题的分析上，为产业政策制定提供了理论依据。

新经济社会学有三个基本主题，即根植性、制度和社会网络。它把社会结构引入经济分析中，从而在经济决策中，充分地考虑到社会、文化、制度等要素的影响，把经济学和社会学结合起来。Granovetter（1973）是新经济社会学的重要代表人物，为新经济社会学的理论建构和实证研究做了大量的工作。他认为，新经济社会学以经济生活中的各种“嵌入”、宏观结构的社会建构为研究主题，以解释性方法为主，采用抽样研究的方法对中观层次的经济进行探讨。他认为经济行为是根植在网络与制度之中的，企业在一个地区所形成的地域聚集可以使企业构筑起交流与合作的系统，从而增强企业竞争力（Granovetter，1985）。新经济社会学派较好地解释了企业集群的社会文化因素的作用，但没有预测到当集群发展到一定阶段后，过高的根植性行为会导致路径依赖现象的产生。

20 世纪末，美国经济学家 Porter（1990）提出了著名的竞争力理论，从成本优势提升核心竞争力角度对专业集群的现象进行分析和研究，把产业集群理论的研究引向了新的领域。在《国家竞争优势》一书中，Porter（1990）认为，一个公司的竞争优势并不都取决于公司内部，而有很多来源于公司之外，即来源于公司所在的地域和产业集群。他不但阐明了集群对国家竞争优势的重要作用，而且提出了著名的企业集群钻石模型，从竞争力的角度探讨产业集群，对提高地区竞争力、推进地区发展具有很强的指导意义。

2. 国外产业集群绩效理论研究现状

产业集群绩效是指一个产业集群创造财富和技术创新的能力，国外主要的产业集群研究理论——新产业区理论、新经济地理理论、新经济社会学理论和竞争力理论中都有与集群绩效直接或间接相关的研究。四个理论及其代表人物和对集群绩效问题的研究总结如表 1-1 所示。

表 1-1　各理论、代表人物及主要观点

理论	代表人物	主要观点
新产业区理论	Becattini 和 Harison	特定的体制结构和文化特征对集群绩效有重要影响；学习和创新能够提高集群绩效
新经济地理理论	Krugman	经济因素，如经济溢出、劳动力市场的出现、供应商和代理商的出现（Perroux，1955）提高集群绩效；不经济因素，如拥挤和高土地价格降低集群绩效
新经济社会学理论	Granovetter	根植性、制度和社会网络对集群绩效有重要影响
竞争力理论	Porter	国内需求、产品要素环境、企业战略和企业结构、相关的支持产业和政府的支持提高集群绩效

除上述比较有代表性的理论之外，近年来，国外学者又从不同侧面对集群绩效做了深入研究。Storper（1992）认为内部规模经济及范围经济的扩大会降低市场的不确定性和技术更新带来的变化，因此发生的生产外部性有利于满足需求的多样性和对市场的适应，进而提升集群绩效。但 Martin 和 Sunley（2002）认为，当产业集群发展到一定程度时，集群要素将会产生空间的扩散效应，如土地价格上涨、通货

膨胀、拥挤现象及收入差距扩大等，会对集群发展产生消极影响，阻碍集群绩效的提升。欧洲区域创新环境研究组（Groupe de Recherche Europen sur les Milieus Innovateurs，GREMI）从创新环境角度对欧洲工业园区进行了研究，认为创新活动和创新环境能够提高企业间合作的效率，使集群实现大规模生产和技术创新，进而提升集群绩效（Konstadakopulos，2004）。Martin 和 Ottaviano（2001）综合了新经济地理理论和内生增长理论，建立了经济增长和经济活动的空间集聚的自我强化模型，证明了经济活动的空间集聚能够降低创新成本，从而促进集群的发展。

除上述领域外，集群绩效的另一个重要研究领域是集群政策方面的探讨。Porter（2000）认为政府应担负起建立、发展和推动集群成长的责任。政府在制定政策时，不应以扶持特定的产业发展为目标，而应着眼于提高集群整体的生产率。Rosenfeld（1997）通过对企业与政府间关系的研究，提出了政策对产业集群促进作用的评价标准，包括技术创新、衍生企业数、研究开发能力的提高以及企业网络水平的提升等。

国外学者从探求集群内部因素到引入集群外部因素，从研究集群创新能力到分析集群政策，使相关文献对集群绩效的研究也越来越深入。纵观国外产业集群绩效的研究，其存在以下特点。

（1）集群绩效有多种影响因素，不同学者对同一现象通过不同的角度观察，加之多学科的参与及研究方法上的差别，导致研究结果纷繁多样，缺乏一致性。

（2）关于集群优势的研究主要着力于集群企业间的生产联系、生产功能及企业与所处环境的关系，但对集群与外部市场的交换功能和企业间软性影响因素缺少深入的系统分析。

（3）现有一些集群理论除缺乏普适性外，也没有出现一个相对统一，且涵盖集群生产、交换活动及形成发展过程的系统演化理论。

3. 我国产业集群绩效理论研究现状

我国对产业集群绩效的研究开始于 20 世纪 90 年代，代表性的学者有魏江、杨文生、方永恒、左和平等。国内学者对产业集群绩效的理论研究主要是以国外比较成熟的理论为基础，发展具有中国特色的产业集群绩效评价方法，即采用基于国外成熟理论的区域实证分析的方法进行研究，主要集中在从专业化分工、竞争优势、外部环境、集群创新、社会网络及产业政策等角度对中小企业集群绩效的分析。

顾志群等（2004）从核心技术、集群文化与市场营销三个方面建立指标体系对集群绩效进行衡量，并依据二级模糊综合评判方法以及集群核心竞争力的评价指标体系建立评价模型，对中小企业集群的核心竞争力进行了综合评价。魏江等（2007）关于集群的研究多集中在集群治理与创新方面。他们在基本假设基础上，选取 6 个处于不同发展阶段的产业集群进行问卷调查，通过实证验证出集群创新网络化程度对创新绩效的影响。杨文生和易明（2008）在进行产业集群研究时，将平衡记分卡运用于对产业集群自身发展绩效的定量评价中，提出基于平衡记分卡的产业集群绩效评价实施流程和指标体系的初步设计，将财务、顾客、内部经营过程、学习和创新维度作为4个一级指标，将市场占有率、客户流失率、全员劳动生产率、企业与群内客户之间的交流强度等作为30个二级指标，对产业集群自身发展的绩效（狭义）进行分析测度。方永恒（2010）在论述产业集群绩效评价指标选择原则的基础上，提出基于模糊层次分析法的产业集群绩效评价方法。他结合产业集群理论和陕西省装备制造业集群特点，选择陕西省装备制造业集群的集聚经济性、集群创新力、集群壁垒和集群环境4个评价其绩效的一级指标，专业化分工与协作、企业技术创新、社会网络、产业政策等19个二级指标，运用模糊层次分析法构建陕西省装备制造业集群绩效评价体系，并结合调研数据对其绩效进行评估。左和平和杨建仁（2011）应用固定效应面板数据模型，通过资产总额、市场占有率、金融机构贷款余额、新产品产值率、工业增加值五个方面对中国八大陶瓷产区整体和细分陶瓷行业的产业集群绩效进行了实证分析，并提出了相关的政策建议。龚三乐（2011a）以东莞IT产业集群为例，对企业升级绩效——包括核心能力提升、价值链地位提升及社会效益提升三方面内容——进行评价，建立有关升级绩效评价的指标体系，包括3个一级指标和11个二级指标，通过计量模型对东莞IT企业升级的影响因素进行了相关分析。赵军和时乐乐（2012）在对我国产业集群绩效进行研究时，采用地理集中指数作为衡量产业集聚程度的指标，间接表示产业集群的发展程度，通过回归方程来测算指标变量间的关系，以此评价我国九个省市产业集群的绩效。

从现有文献来看，我国学者对产业集群的研究主要集中在两个方面：一是延续国外产业集群研究的方向，如产业集群的影响因素及竞争力评价等；二是以国内集群的发展现状为切入点，研究我国产业集群的绩效特点和相关政策。目前国内对产业集群绩效的研究多是对国外成熟的理论进行总结之后的探索和推进，需要进一步的创新和更多角度的研究。

1.2.2 社会网络视角下的产业集群研究

近年来，随着产业集群研究的不断深入，学者们发现仅仅从合作分工、成本等经济的角度来分析产业集群的产生和发展是远远不够的。从其他的非经济性角度，如社会学家提出的社会网络角度来看，社会网络在产业集群中发挥着重要的作用。例如，人们发现，社会网络形成的“移民社区”是硅谷取得成功的重要因素（Brenner and Mühlig，2012）。以社会网络理论为基础的新经济社会学的兴起为产业集群研究打开了全新的视角，因为产业集群归根结底是一种网络的组织形态。

1. 国外社会网络理论研究进展

早在20世纪40年代初，英国人类学家Radcliff就使用了“社会关系网络”来说明社会网络（林聚任，2010）。到了20世纪70年代，Granovetter提出了“新经济社会学”这一概念，标志着社会网络分析（social network analysis，SNA）与经济研究的正式结合。社会网络分析的途径是研究者利用实证数据创造的人为互动的结构图，来分析网络参与者之间的关系形态，并不是针对产业集群的特定分析方法。

20世纪90年代后，经济发展出现了两种现象，即经济全球化和技术快速变革。而集群是一个地域现象，存在着创新网络，在这种背景下，集群的地位更加重要。在这一背景下，这一时代的集群研究分为两个主要的方向：一是经济方向，强调Marshall提及的外部经济；二是社会经济和创新方向，强调地域、社会、制度、文化等因素。Porter的竞争力理论为第一个方向。第二个方向包括区域创新学派、创新环境学派、社会文化学派等。我们将第二个方向称为社会网络关系理论。

社会网络关系理论是新产业区理论的拓展和延伸，且区别于制度经济学理论。社会网络关系学派学者提出，现实的社会网络关系更加复杂和广泛，基于非贸易的行为主体之间的相互依赖关系在当地产业集群和演化中有着特殊的意义。

第一类学派是从事区域创新网络关系研究的，这一学派的学者把知识溢出与基于地理维度的创新活动相连，从理论和实证两个方面验证了知识溢出对创新的重要作用，而且通常受到地理空间的限制。区域创新学派的主要贡献在于证明了知识溢出和创新的空间关系，但研究没有涉及具体地域内的经济活动的形成。

创新环境学派是第二类从网络关系方向进行研究的学派，其中心是“环境创新”及“集体学习”。该学派的成就是强调地理空间内的企业、政府和非营利组织等加大互动，促进创新，并强调了Marshall关于园区内“产业氛围”的概念，即创新在有创新环境的地方才能产生，而创新环境存在于有创新的地方（Rocha，2004）。

社会文化学派集中分析社会因素，把集群或当地的产业系统看成一个地理区域内的企业和相关机构组成的网络。这一学派认为，企业和地方经济的发展受社会、制度、文化等因素的影响比经济技术因素要大得多，因此，研究企业间的联系时，应该用系统的、联系的观点来看待。该学派在研究集群对企业和地方经济的影响程度时发现，植根于地方经济结构的优势和接近竞争对手的劣势这两者是一个取舍关系，需要充分权衡竞争与合作。除此之外，该学派认为在当地现有社会关系的基础上加强企业的合作、减少竞争、加大信息共享，有助于提高企业的绩效。

2. 国外社会网络视角下的产业集群研究

无论派别如何，多数西方学者从网络角度对集群进行研究时，更为关注的是社会经济网络。他们认为，经济行为镶嵌于社会关系之中，集群中产生社会资本的联系可能是直接与间接的，它们的强度可能发生变化，并且产出取决于网络类型（Davidsson and Honig，2003）。

Lorenz（1992）认为，产业集群内企业间的合作与竞争属于另外一种平衡关系。该平衡主要体现在两个方面：一是园区内企业共享一些当地机构提供的公共服务，如教育、培训、研发、医疗和失业保险等；二是企业对竞争规则的认可与相互间的高度信任。Elfring 和 Hulsink（2003）研究了集群网络内部强联系和弱联系对显性知识和隐性知识创造及扩散的影响，他们发现强联系非常有利于隐性知识的交流，而弱联系更有利于显性知识的交流。布鲁斯科（2005）通过对产业区的案例分析认为，集群网络的协调机制是在反复互动中恰当地保持合作博弈战略的游戏规则而维持着“可信任的”交易的进行。随后的一些研究拥有更加宽泛的视角，并着重实证。例如，Morosini（2004）建立模型分析了集群知识融合、社会网络和经济绩效的关系，认为社会网络具有多样性和宽泛性。Giuliani（2005）以智利和意大利的葡萄酒产业集群为例，用社会网络分析的方法，探讨了产业聚集和技术创新之间的关系，得出集群研究中的两个实证结论：一是集群中的知识网络结构与企业知识体系的异质分布有联系；二是商业互动关系和企业间的知识流并不高度同步。Hendry 和 Brown（2006）用社会网络分析的方法对英国的生物技术产业集群进行了研究，发现英国生物技术产业存在明显的社会网络关系，这些企业与其他小企业、大型制药公司及研发中心交织着明显的网络，并利用一系列产业因素分析了网络运作模式、科技基地、研究费用融资、企业模式和市场竞争者的战略。这一结论引发了对产业集群政策和集群基础理论的重新思索。Felzensztein（2008）研究了智利和苏格兰养殖业集群，认为社交网络比地理上的接近有更大的影响力，主要是促进了企业间合作的营销活动。企业间的这些合作行为受现行国家的文化和具体的区域经济内文化的影响。

3. 我国社会网络视角下的产业集群研究

国内学术界自20世纪90年代末才开始重视社会网络分析方法的介绍和应用，与国外相关领域的发展有一定的差距，且主要集中于理论性的研究，与产业集群联系的实证研究较少。例如，蔡秀玲和林竞君（2005）指出，在产业集群中，不管是企业间的生产网络、企业主之间的社会关系网络，还是企业所在地的价值观念、信任、合作文化等社会资本状况，都对集群竞争优势的维持及创新能力的持续提升发挥着重要的影响。王霄宁和王铁（2005）对集群的研究主要集中在基于社会网络的定量化分析方面。他们利用集群网络关系对企业创新能力进行了一系列的实证检验，并发现密度、对象多元性和中心性这三个社会网络的特性对创新有显著影响。黄中伟（2007）在研究产业集群的创新机制时，发现集群的创新机制和绩效来自于产业集群的网络结构，而在网络结构的创新机制作用下，产业集群内的企业与集群外企业相比具有新产品乘数倍增加、创新低风险低投入高成功率、创新成果高速扩散、创新周期缩短等绩效和创新优势。吴俊杰和盛亚（2011）从集群社会网络视角，通过集群产出能力、集群成长速度、集群吸收就业能力来衡量集群绩效，运用层次分析法，检验了网络强度、网络开放度对浙江产业集群的集群绩效的影响机制，以及环境不确定性的调节作用。

1.2.3 产业集群升级研究

较之分散于不同的地理位置，一个产业的大多数企业更愿意集中在交易成本明显降低、知识吸收与溢出更便利、基础设施更加完善的产业集群范围内。因此，世界各地的大多数产业都以产业集群的形式聚集在一起，在分享各种集群效应的同时也增强了自身实力与竞争力。在经济全球化和发达国家主导的国际分工体系背景下，发展中国家本土产业集群以低成本劳动力优势不断吸引外商直接投资与承接跨国外包订单，从而获取了一部分价值链租金并持续增长。

然而，因为不具备较强的资本和技术优势，发展中国家本土产业集群被牢牢锁定和俘获在全球价值链的低端环节。另外，随着劳动力成本的上升，现有的增长红利也会逐渐消退，这些发展中国家转而被更加低廉的劳动力成本国家所取代。如若继续消极锁定在价值链低端环节中，发展中国家本土产业集群将逐渐失去其竞争优势而走向衰退阶段。面对如此困境，提高发展中国家本土产业集群的竞争力是十分迫切而现实的问题。同样，对于发达国家来说，破除产业集群发展的路径依赖与锁定、持续提升其竞争力也显得尤为重要。

由此，产业集群升级作为提高其竞争力的核心问题引起了国内外学术界和企业界的重点关注。目前，国内外关于产业集群升级方面的研究主要体现在四个方面，包括影响产业集群升级的主要因素及作用机理、嵌入全球价值链的产业集群升级、构建国家价值链的产业集群升级及基于社会经济网络的集群升级。

1. 影响产业集群升级的主要因素及作用机理

邬爱其和张学华（2006）从匹配性地方政府行为角度发现地方政府行为是影响产业集群升级的重要因素。具体而言，地方政府的匹配行为有助于集群企业与顾客联结、集群企业协同升级、集群企业之间结网及区域环境建设。朱海燕（2009）基于产业集群竞争力和产业集群演化理论提出影响产业集群升级的关键要素在于网络结构、知识行为和知识结构，其中网络结构和知识行为是动态要素，知识结构是静态要素。Frederic 和 Gereffi（2011）提出影响产业集群升级的五种因素包括产品、工艺流程、功能、供应链整合及销售渠道。汤临佳和池仁勇（2012）立足于集群结构角度，主要以大企业集中度、集群品牌、专业市场、公共科技平台和行业协会等指标度量集群结构指数，分析了集群结构对产业集群升级的影响，实证结果表明集群中大企业集中度的提高和综合支撑体系的完善促进了集群适应能力的提高和集群升级。方文超和马怀礼（2013）以丹麦风电产业集群升级为例探寻了影响产业集群升级的决定性力量在于“大学—企业—政府”三螺旋的互动创新，因此三螺旋模型的提出为产业集群升级提供了十分有益的启示。王娇俐等（2013）认为产业集群升级的四个内在动力要素在于核心企业、大学和科研院所、生产型服务机构及政府机构，并构建了知识网络中四个动力要素在知识更新中发挥作用的“四力”模型及作用机制，最终表明核心企业、大学和科研院所、生产型服务机构及政府机构等集群知识网络要素的作用发挥及其匹配是集群顺利升级的关键。郑准等（2014）从“微观异质”和“行为导向”的理论视角出发，认为知识守门者作为产业集群中的异质性主体，其知识行为和战略行为是驱动产业集群升级的关键行为因素。

由此可知，学者们基于不同的理论视角和研究层面剖析了产业集群升级的主要影响因素，这对进一步的产业集群升级机理研究具有非常重要的借鉴和参考意义。

朱海燕（2009）在分析和借鉴产业集群竞争力、产业集群演化理论的基础上，研究界定了产业集群升级的内涵，同时给出了影响产业集群升级的三个关键要素，进而具体探讨了关键要素对产业集群升级的作用机理。侯二菊和沈正平（2010）研究了产业集群及其动力机制的相关理论，分类探讨了产业集群发展的内源动力和外源动力作用机制，认为产业集群发展的动力不仅仅来源于外部，也源于内部，而且内部动力机制才是其快速发展的核心，是实现集群内部升级的重要途径。龚三乐（2011b）研究了推动企业升级的动力因素，主要包括企业集聚效应、领导企业推动与技术创新三个要素，分析了基于三种动力的推动作用机理。汤临佳和池仁勇（2012）通过设计产业集群生存能力、发展能力与适应能力的指标体系，以四个集群为研究对象进行了实证分析，研究表明，显著的正向相关关系存在于集群结构与发展能力、生存能力和适应能力之间，即集群适应能力的增强得益于不断上升的集群企业集中度和完善的综合支撑体系。另外，他们也剖析了各集群存在的动态结构升级过程，探索到了三条集群升级路径。牟绍波等（2013）界定了装备制造业创新升级的本质，探讨了开放式创新对装备制造业升级的作用机理，分析了装备制造业创新能力升级的路径。

2. 嵌入全球价值链的产业集群升级

张辉（2004）第一次在国内提出嵌入全球价值链的集群升级模式，在介绍全球价值链升级的国外文献的基础上，提出全球价值链升级还有第三种动力驱动，并对国内平湖电机集群进行了分析。张益丰（2010）研究了不同性质的产业集群升级路径，对服务业与高端制造业双重集聚的机理进行了深入分析，证实了集群内企业的自身发展对集群升级的主要作用，尤其是集群内核心企业在国内价值链升级的基础上进一步嵌入全球价值链高端以此来实现产业集群的全面升级。纪玉俊和丁娟（2012）认为集群网络与价值链共同影响着产业集群升级，而链网结合度问题才是剖析产业集群升级机理需要重点关注的问题。产业集群升级包括隐性升级模式与显性升级模式，链网结合作用实现了集群的隐性升级，而价值链的攀升实现了显性升级。

由 Gereffi（1999a）、Humphrey 和 Schmitz（2002）创立的全球价值链理论指出，通过工艺、产品、功能和价值链四种方式可以实现产业集群升级。张辉（2005）也认为全球价值链下的地方产业集群升级主要有工艺流程升级、产品升级、功能升级和价值链升级。具体而言，工艺流程升级是通过提升价值链某环节的生产加工工艺流程效益，以达到战胜并超越竞争对手的目的；产品升级是通过提高改进已有产品或引进新产品的效率来战胜并超越竞争对手；功能升级是通过重新组合价值链中的环节以获取竞争优势的一种升级方式；价值链升级是从一条产业链条跨入另外一条产业链条的升级方式。而 Saliola 和 Zanfei（2009）总结性地指出本地产业集群可以通过嵌入全球价值链的方式获取全球化资源，从而促进产业集群实现持续和稳定的升级。可以说，嵌入全球价值链成为产业集群升级的有效方式与途径。

张少军和刘志彪（2009）依据全球价值链模式下产业转移的微观机理，分析了其对发展中国家产业升级的影响，并指出通过国际技术前沿的实施机制——全球价值链模式的产业转移，产业集群之间的竞争更加激烈。这也为发展中国家本土产业集群升级提供了方向。吴义爽和蔡宁（2010）认为较之“渐进式”集群升级模式，我国产业集群更适合“跨越式”升级模式，由此，集群企业可从高端直接嵌入全球价值链，加速我国产业集群的升级进程。

刘维林（2012）从产品分工和功能分工的双重视角出发，提出了本土制造业向价值链高端攀升的四种机制分别为知识扩散、动态能力构建、治理结构及租金分配，并提出了本土制造业双重嵌入全球价值链的四种策略，分别为由单一环节向多点系统性嵌入、由低端向高端嵌入、由被动向主动嵌入及由静态向动态持续嵌入，另外其认为本土制造业升级的前提是全球价值链嵌入，在持续的、更深入的、更高端的嵌入中延伸价值链，是国际分工体系下产业升级的内涵。这对嵌入全球价值链的产业集群升级具有重要的启发意义。

熊英等（2012）通过综述与跟踪全球价值链理论的新近发展和演进，归纳了全球价值链理论的分析框架和争议焦点，并指出全球价值链包括所有参与者和生产销售等活动的价值与利润分配。Chiarvesio 等（2013）基于全球价值链研究了中小企业集群升级的国际化战略问题。该国际化战略有助于中小企业在安排其生产活动时考虑到全球范围内的供应商选择和协调问题，并以不同的治理形式在全球范围内积极构建自己的价值链。此外，王雷和姚洪心（2014）根据嵌入性（embeddedness）理论，把全球价值链嵌入划分为结构嵌入、关系嵌入和认知嵌入三个维度，并通过实证分析探讨了全球价值链嵌入对集群企业创新绩效的影响。他们认为全球价值链嵌入通过学习效应间接改善集群企业的创新绩效，而集群企业创新绩效的改善有利于集群的转型与升级，因而全球价值链嵌入可以被认为是产业集群实现升级的有效推动力。

从以上学者的研究工作可知，我国本土产业集群的升级问题已被纳入全球价值链分析框架中。通过嵌入全球价值链实现我国产业集群的升级，已成为目前的研究热点。但全球价值链理论也存在一些不足，正如熊英等（2012）指出的那样，全球价值链一方面对制造商如何继续维持甚至扩展其在全球价值链上的角色这一问题解释有限，另一方面忽略了制造商如何以其关键的行动策略控制既有位阶，甚至提升位阶，进而改变价值链的权力结构。此外，全球价值链理论对发达国家进一步强化其主导地位起到了积极作用；而面对全球价值链对发展中国家本土产业集群的中低端锁定困境，学者们提出了国家价值链理论，以改变发展中国家本土产业集群在全球价值链中的被动局面。

3. 构建国家价值链的产业集群升级

Feser 和 Isserman（2009）研究了美国农村在国家价值链中扮演的角色。美国农村作为美国价值链中不可分割的一部分，能够依赖且有助于其他地方价值链获得竞争性成功，因此应当把农村集群策略从产业关联在某一具体农村地域内的集聚发展扩展到参与全球竞争的更广阔空间范围内的价值链集聚。

刘志彪和张杰（2009）认为国家价值链是在国内本土市场需求的基础上发育而成的价值链分工生产体系，由具备自主研发创新能力的本土企业掌握价值链核心环节，并在本土市场中获得品牌和销售终端渠道的高端竞争力，以便进入区域或全球市场。进一步，他们提出培育专业化市场和构建领导型企业网络是我国构建国家价值链以实现产业升级的主要方式和机制，其中，他们强调构建基于国家价值链的领导型企业的目的在于努力培育我国的跨国企业。他们在构建国家价值链以实现产业升级方面的研究为构建国家价值链以实现产业集群升级的研究指明了方向，即努力培育基于国家价值链的产业集群核心企业，并使之发展成为跨国企业。

张益丰（2010）通过对不同性质产业集群的升级路径研究以及高端制造业与服务业双重集聚的机理分析，证实了产业升级更多地依靠集群内企业的自身发展，并指出核心企业通过治理国家价值链来引领集群嵌入全球价值链高端才能完成产业集群的全面升级。刘志彪（2011）认为我国制造业发展方式转变的最重要的微观经济战略选择在于构建以内需为基础的国家价值链体系和治理结构，而构建国家价值链的主要机制和方式在于培育专业化市场和领导型“链主”企业。并且他指出产业集群中的企业可以通过“杠杆能力”实现低成本的产业升级。另外，在零售行业也需要培养领导型“链主”企业，如岳中刚和刘志彪（2011）基于苏宁电器的案例研究发现，现代大型零售企业可以收集与整理需求信息，预测产品需求的动态变化，因此具有较强的生产性营销服务能力，进而提出了重要观点，即构建国家价值链的核心在于培育具有全球市场渠道控制能力的零售商。陈维忠（2012）在分析全球价值链的基础上，立足于我国经济梯度，根据劳动力、资源、市场和区位等不同要素，明确了国家价值链主要划分为生产者驱动价值链、购买者驱动价值链、原材料驱动价值链和混合驱动价值链四种形式。钱方明（2013）认为基于国家价值链的区域传统制造业升级是指区域本土企业群体依托国内市场实现功能升级并主导国家价值链的构建，通过国家价值链和全球价值链的竞争与合作，最终实现在全球价值链分工体系中的功能升级。他主要从本土企业构建国家价值链的动力机制、国家价值链的构建机制和国家价值链与全球价值链竞争合作机制三方面考察了基于国家价值链的区域传统制造业升级机理，进而探讨出基于国家价值链的区域传统制造业的升级路径。这方面的研究成果为基于国家价值链的产业集群升级提供了理论依据和实践支持。由此可知，构建国家价值链的产业集群升级问题也是当前的研究热点。

4. 基于社会经济网络的集群升级

马鹏和李文秀（2010）通过实证研究指出，正式创新网络的创新能力与产业集群升级相辅相成，而且正式创新网络通过合作有效性、互利互惠、诚实守信和政策制度来影响产业集群升级。田依林（2011）研究发现我国产业集群在全球价值链视角下的发展存在诸如价值链的低端锁定、技术锁定及社会网络锁定等问题，提出我国要想摆脱发达国家的技术锁定，就必须在发展过程中实现产业集群的快速升级。结果表明，可以通过优质的社会网络的构建、集群创新能力的提升及公共政策的引导与扶持等方面来实现产业集群的升级。基于“参与全球生产网络对制造业产业升级的影响”这一问题，李锐（2013）深入分析了影响产业升级的主要因素、制造业产业升级在全球生产网络中的传导机制，建立相关的理论模型，并以山东半岛制造业基地为例进行了实证检验。王娇俐等（2013）研究了产业集群升级的四个内在动力要素的互动机制对知识更新机制的促进作用，进而构建了知识网络中的“四力”模型，分析了四个动力要素在知识更新中的作用机制。在案例研究中发现，集群的顺利升级得益于集群中的核心企业、高等院校和科研院所、生产型服务机构及政府机构等知识网络要素的相互作用及其匹配。

1.2.4　模块化及模块化升级

"模块"的概念最早是由 Simon（1962）提出的，他认为模块是一种能够促使复杂系统在进化环境中均衡动态演进的特别结构。青木昌彦和安藤晴彦（2003）认为，模块是一个半自律性的子系统，既可以和其他同样的子系统按照一定的规则相互联系而构成更加复杂的系统和过程，本身又可以作为一个系统而分为若干模块。模块化分解和模块化集成是模块化的两种主要形式。模块化分解是按照一定的联系规则把一个复杂的系统或过程分解为可以进行独立设计的半自律性子系统；模块化集成是按照某种联系规则把可进行独立设计的子系统（模块）逐步增加而构成更加复杂的系统或过程的行为。在这个模块化体系中，模块之间的接口是根据一套接口标准进行设计的，模块具有可替代性。

在信息技术革命的背景下，随着产业结构的根本性变化，经济学和经营学界越来越关注"模块化"。"模块化"通常被理解为一种在进化环境中促使复杂系统动态演进的特别结构，或者一种有效组织复杂产品和过程的战略。随着模块化理论研究的逐步深入，模块化实践研究也向纵深发展，模块化作为一种新的组织模式以及产业结构的新本质正日益受到人们的重视。

西方最早研究模块化理论的是哈佛商学院的 Carlis 和 Kim，其著作中关注模块化集群出现所需的基础结构。20 世纪 90 年代中后期，日本在研究互联网产业和汽车产业过程中独立地发展了模块化理论，典型的代表人物是藤本宏隆、浅沼万里，他们侧重汽车工业领域模块化框架的研究。青木昌彦和安藤晴彦（2003）认为模块化产业组织中的"背对背"竞争机制与"赢者通吃"的激励机制可以产生"选择价值"，并通过对模块之间的联系进行创造性的破坏与再结合，实现系统的创新，并且他们将模块化归结为新产业结构的本质。Baldwin 和 Clark（1997）认为模块化是指可以在集群内部实现独立设计的，能使整体作用得以很好发挥的更小的子系统来构筑复杂的产品或业务过程，并提出了模块化的理论框架，即一个系统、两个规则（"看得见"的规则和"看不见"的规则）和三个要素（界面、标准和结构）。Blume 和 Appel（1999）解释了如何把分层模块化应用于软件。Emst（2005）认为已有模块化理论所提出的命题和假设具有静态特征，他运用动态模块化理论分析了模块化系统的局限性，认为模块化设计的整体协调需求和界面标准的僵化是模块化系统的两大缺陷。Kuchiki 和 Tsuji（2010）通过对中国、印度、日本、巴西、泰国、马来西亚和新加坡等国的研究，提供了一个框架，用来解释集聚的形成和内生创新产业集群升级到更高研发层次的过程。

国内模块化作为一种现代的生产设计方法最早由童时中于 2000 年提出，现在已经被广泛地应用在机电产品设计领域。同时，作为一种崭新的标准化模式，其为厂商小批量、多品种生产开辟了一条新途径；作为一种崭新的思考问题的方式与工作方法，其是分析并解决各类复杂问题的有效手段。随后，国内学者把模块化的相关理论广泛应用于各个领域的研究，大致体现在以下两个方面。

1. 基于产业层面的模块化研究

杨枝煌（2005）认为中国现代金融业的发展依然处于起步阶段，模块化分解首先应当成为金融企业内部的必然选择，建立起产权、信息、业务模块，然后才能整合这些模块，实现模块化集中。而模块化集中重点在于建立金融控股集团、构筑金融企业与其企业客户的外部战略联盟和构筑金融综合监管机制三方面。梁军（2008）认为市场集中度能够在产业模块化条件下得到有效降低，改变了以少数核心企业为主导的产业发展模式，而且产业的进入退出壁垒也因产品模块化的实现而降低，这就在很大程度上加快了产业竞争与重组的步伐，进而使产业组织结构得以优化。同时，产业模块化提升了产业技术进步速度，实现了集群技术创新的巨大进步，进一步提升产业绩效并带来巨大的创新效应；实现了模块化垄断结构，资源配置效率得以优化并提高了生产效率，从而促进产业组织结构的升级。程文和张建华（2010）对中国汽车产业模块化技术发展与该产业工艺升级、产品升级、功能升级的关系进行了研究。叶洪涛（2010）基于国际成功经验的分析，认为中国产业升级可通过产业核心资源的整合、品牌模块企业的创建、高级生产性服务业的加快发展及自主创新能力的培养等措施来实现。程文和张建华（2011）通过扩展 Hausmann 和 Klinger 提出的产品空间结构模型，深入分析了模块化技术发展对产业结构升级的微观作用机理。彭本红和张丹平（2013）结合模块化理论和产业链理论，分析了大型客机产业链的模块层次结构，提炼出大型客机产业链升级的一般轨迹，总结了产业链升级的方式，归纳了大型客机产业升级的三种路径。

2. 基于产业集群的模块化升级研究

韩晶（2008）认为在模块化分工下我国装备制造业的自主创新能力远远落后于世界先进水平，而造成自主研发能力弱的主要原因是我国装备制造业本土企业难以组建模块化创新生产网络，同时受到来自于模块化生产网络中处于核心地位的跨国公司强大的买方势力的巨大威胁。王德建（2010）认为模块化能够有效激励集群企业创新行为，加快地方产业集群的升级速度。模块化降低了企业创新的规模和投资壁垒，降低了创新投资的资产专用性程度和创新风险，也缓解了地方产业集群创新投资不足的难题。模块化还为集群企业提供了重构竞争优势以及间接进入全球高端价值链的机会。于伟和倪慧君（2010）指出核心模块主导是高技术产业集群有效治理和升级的关键，分析了模块化设计的关键因素和升级机制，并以台湾新竹产业集群为例进行了实证分析。苏蒙珂（2009）梳理了模块化相关理论，以彰显模块化特征的高新技术产业集群为研究对象，重点对比了模块化下我国京津唐、长江三角洲和珠江三角洲三大高新技术产业集群的演进动力和演进路径，探索出在不同的地方特色下，不同产业集群发展阶段应采取不同的模块化产业集群组织模式，进一步为模块化产业集群组织模式的广泛应用提供了启示。王海杰（2013）认为模块化为产业集群组织模式创新提供了新的空间，产业集群模块化的路径是技术模块化、产品模块化、市场模块化及组织模块化的互动。

1.2.5 逆向外包

逆向外包理论的逐渐兴起为发展中国家本土产业集群提供了新的升级方向。逆向外包与传统外包相对，主要是指处于全球价值链中低端的发展中国家主动向位于全球价值链高端的发达国家发包，采购其中间产品或服务，从而获取产业集群升级的先进技术，是发展中国家本土产业集群向价值链高端攀升的战略选择，最终目的是实现发展中国家本土产业集群的升级。

逆向外包理论由外包理论发展而来，而外包理论则来源于核心竞争力理论和比较优势理论等。核心竞争力理论认为企业在激烈的市场竞争中主要依靠核心竞争力而发展壮大，而核心竞争力大多来自于企业的核心业务，企业可将非核心业务交给外部企业来完成，从而专注于核心业务的发展。“外包”一词正是来自于Prahalad 和 Hamel 于 1990 年发表在《哈佛商业评论》的《企业核心竞争力》（*The core competence of the corporation*）一文。企业将非核心业务外包出去，既可以拥有更多的时间和资源，将精力集中在核心业务上，让企业保持专业化核心优势；又能够获取由外部化带来的专业性与低成本优势，让企业保持灵活性和经营弹性。徐毅和张二震（2008a）认为企业把原本自制但属于其他产业的中间品外包出去，可以提高企业的劳动生产率，原因在于资本节约型的技术进步在外包中产生了，外包是产品结构升级的转换器，它有助于劳动密集型生产结构向资本密集型生产结构转变。

当然，如今的外包并不局限于非核心业务，而是逐渐向核心业务扩展，这主要是因为核心竞争力虽然大多源于核心业务，但核心竞争力并不等同于核心业务。核心竞争力来自于企业最擅长做的事情，将某些不那么擅长的核心业务外包出去，第三方可能会做得更好。刘景江（2004）以软件产业为例说明了拥有多项核心业务的企业可以对其中某一项无独特能力的核心业务实行外包，而并不会因此失去核心能力及由核心能力构成的竞争优势。

比较优势理论认为密集使用别国内部比较丰裕的生产要素可以带来低成本优势，因此它为跨国外包提供了理论条件。立足于发包国家，Grossman 和 Helpman（2005）指出外包的目的是降低中间产品的生产成本以及运用跨国资源禀赋差异引起的比较优势；立足于接包国家，赵囡囡等（2012）通过实证分析指出，中国在参与全球产品内分工时，人力资本丰富、市场厚度大且沉没成本大的产业应优先发展跨国外包。张杰等（2010）认为外包有利于发达国家对发展中国家进行技术转移，但这并不一定会促进发展中国家经济的可持续增长。徐毅和张二震（2008b）既立足于企业理论视角，认为外包是指企业把原本在内部完成的活动交由外部企业主体完成的分工方式，又基于国际经济学理论，将外包由一国范围内扩展到全球范围内，认为外包是国际贸易中的中间产品贸易。进一步，在国际经济学理论视角下，他们首次提出了以中国为本位的外包，即中国的中间产品进口，并通过计量分析表明在中国这种外包大多由外资企业来完成，而内资企业还不擅长利用世界发达国家的技术优势来进行全球化生产和本土的技术创新。以中国为本位的外包也就是后来学者们提出的逆向外包。

目前，关于逆向外包的研究刚刚起步。在已有的研究成果中，逆向外包又被称为逆向发包、反向外包、反向发包等。Kale 等（2009）认为逆向外包是分工进一步深化的结果，是为了寻求高级生产要素，并通过产业关联效应实现价值链的提升。刘志彪（2009）提出发展中国家企业可以主动向发达国家进行“逆向发包”，具体而言，即发展中国家向发达国家企业发出各类现代服务业订单，其中以高端的研发类服务逆向外包订单为重点，从而主动获取发达国家企业先进的竞争性技术和战略性资源，以促进发展中国家的产业升级。

陈清萍和曹慧平（2011）认为，随着全球服务外包市场规模以现有的速度保持持续增长，我国承接的离岸服务外包业务也会得到快速而稳定的增长，她们预见到这种势头将在不久的将来催生出新的跨国服务外包发包业务，即反向服务外包业务。唐华明和吴凤羽（2014）认为跨国反向服务外包是新时代的产物，其理论将指引着我国制造业企业在跨国服务贸易中提升产业价值链地位。孟雪（2011）的定量研究表明我国处于初级阶段且规模较小的服务外包使反向服务外包对我国生产率产生了负向影响作用，同时也表明这种负向影响作用在未来会逐渐降低，甚至可能转变为正向影响。刘丹鹭和岳中刚（2011）以奇瑞和吉利汽车为例研究了逆向研发外包，指出逆向研发外包既是实践中出现的新的外包形式，也是发展中国家本土企业成长的战略选择，并揭示了逆向研发外包的与众不同之处在于本土企业的自主知识产权和技术学习。孟雪（2012）通过实证分析定量研究了反向服务外包对我国就业结构的影响，结果表明，反向服务外包中的发包方将该部门非密集从事的活动外包给接包方，有助于其提高密集从事活动的劳动需求。陈启斐和刘志彪（2013）测算了 2003~2011 年我国制造业反向服务外包指数，并通过实证研究表明反向服务外包对我国制造业价值链地位的提升有显著作用。张月友和刘丹鹭（2013）认为逆向外包具有欠发达国家、离岸服务外包及战略活动等属性。孙红燕和吕民乐（2013）运用理论模型推导出，在国际代工中，加大逆向外包有助于促进跨国公司向东道国的技术转移，其中他们提到的国际代工企业的逆向外包是指研发和服务外包等。陈羽等（2014）基于 Romer 的中间产品模型推导出了逆向外包的内涵、决定条件及特征，并以企业租金与全球价值链租金理论为基础探讨了逆向外包的租金来源，包括外生于全球价值链的租金、单个行动者租金及链内行动者群租金。其中，他们也认为逆向外包与欠发达国家处于接包方地位的传统外包相反，是欠发达国家处于发包方地位，发达国家处于接包方地位，突出了欠发达国家的主动性和战略性。可见，在逆向外包的相关研究中，除了陈羽等学者探讨了逆向外包的一般内涵外，其他学者更致力于反向服务外包方面的研究。由此，可以认为逆向外包是以发展中国家或者欠发达国家为本位的，在国际贸易中进行的中间产品或服务进口。

综上所述，已有文献分别从影响产业集群升级的主要因素、嵌入全球价值链的产业集群升级、构建国家价值链的产业集群升级、基于模块化的产业集群升级，以及逆向外包角度展开，对进一步探讨产业集群升级问题提供了理论基础和分析经验。然而，在产业集群升级的问题被学术界关注多年并取得丰富研究成果的同时，仍然存在以下不足。

（1）相关研究多以轻型加工业和 IT 产业集群为研究对象，而对大型复杂产品制造业集群升级的研究则鲜有涉及。

（2）已有文献对产业集群及其绩效的研究多集中在定性的，对产业布局、供应链和竞争力等方面的研究，对集群绩效从网络角度进行分析的较少，尤其是其中的影响机理更缺乏相关的实证研究。

（3）一些学者倡导通过构建国家价值链来实现产业集群升级。然而，在开放经济条件下，实现产业集群升级与区域发展在本质上是全球价值链和国家价值链良性互动的问题。具体到我国大型复杂产品制造业集群，如何在模块化和逆向外包基础上实现全球价值链和国家价值链的良性互动以实现集群升级仍有待深入研究。

（4）逆向外包理论为研究产业集群升级问题提供了新的理论视角和研究思路，但这方面研究刚刚起步，尤其是逆向外包的形成条件以及基于逆向外包的产业集群升级机理仍不清楚，相关的实证研究较为匮乏，有关结论也缺乏数据支持。

针对以上不足，本书首先结合我国大型复杂产品制造业集群实际，从理论和方法上对大型复杂产品制造业集群网络结构进行量化测度，并在此基础上研究网络结构对大型复杂产品制造业集群绩效的影响关系；其次，基于模块化的视角，分析大型复杂产品制造业集群升级的动力因素，辨析其中的作用机理，以期发现大型复杂产品制造业集群模块化升级的动力传导机制；再次，尝试在全球价值链、国家价值链和模块化等产业集群升级理论的基础上，提出逆向外包的内涵与形成条件，揭示基于逆向外包的大型复杂产品制造业集群升级的作用机理；最后，根据实证研究结果，提出大型复杂产品制造业集群升级的路径和策略，为大型复杂产品制造业持续健康发展提供决策依据。

1.3 研究内容

（1）集群网络结构对大型复杂产品制造业集群绩效的影响。本书将深入探讨影响大型复杂产品制造业集群绩效的关键因素，并对集群网络结构属性与大型复杂产品制造业集群绩效之间的相互关系进行分析，进而根据实证结果对大型复杂产品制造业集群的进一步发展提出相应的策略建议。研究思路如图 1-1 所示。

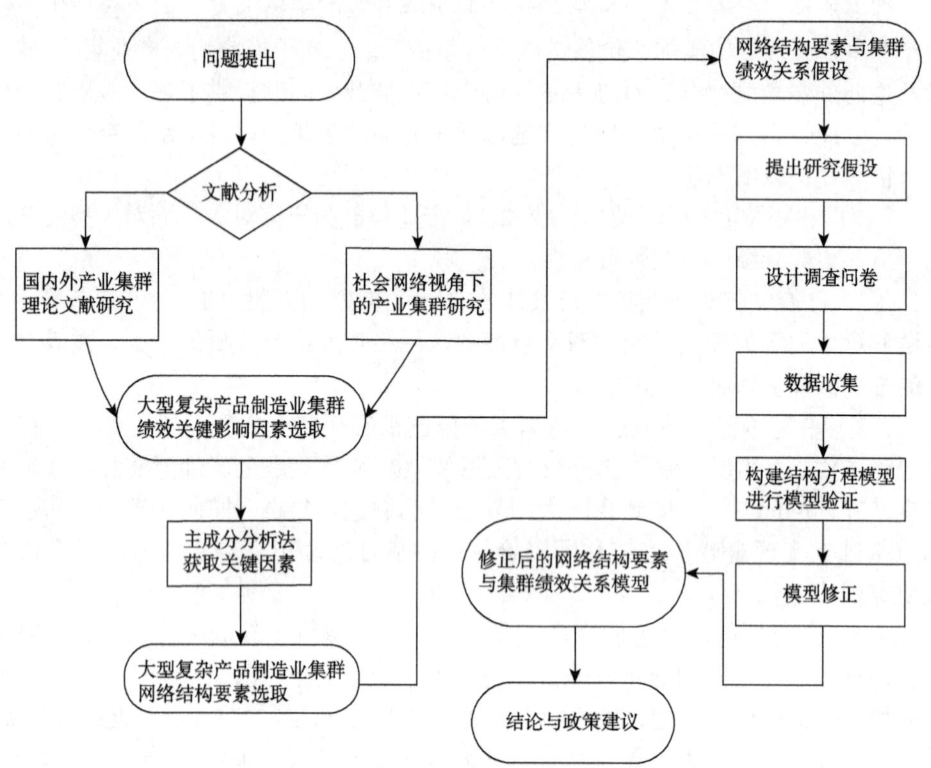

图 1-1 大型复杂产品制造业集群网络结构对集群绩效影响的研究思路

（2）大型复杂产品制造业集群模块化升级机理。运用模块化的理论和方法，论证模块化促进集群升级的可能性和可行性，探索大型复杂产品制造业集群模块化升级的动力因素及其作用机理，构建大型复杂产品制造业集群模块化升级的概念模型，提出相关理论假设，进行实证分析，验证理论假设，描绘集群模块化升级的路径，提出促进大型复杂产品制造业集群模块化升级的可操作性政策建议。研究思路如图 1-2 所示。

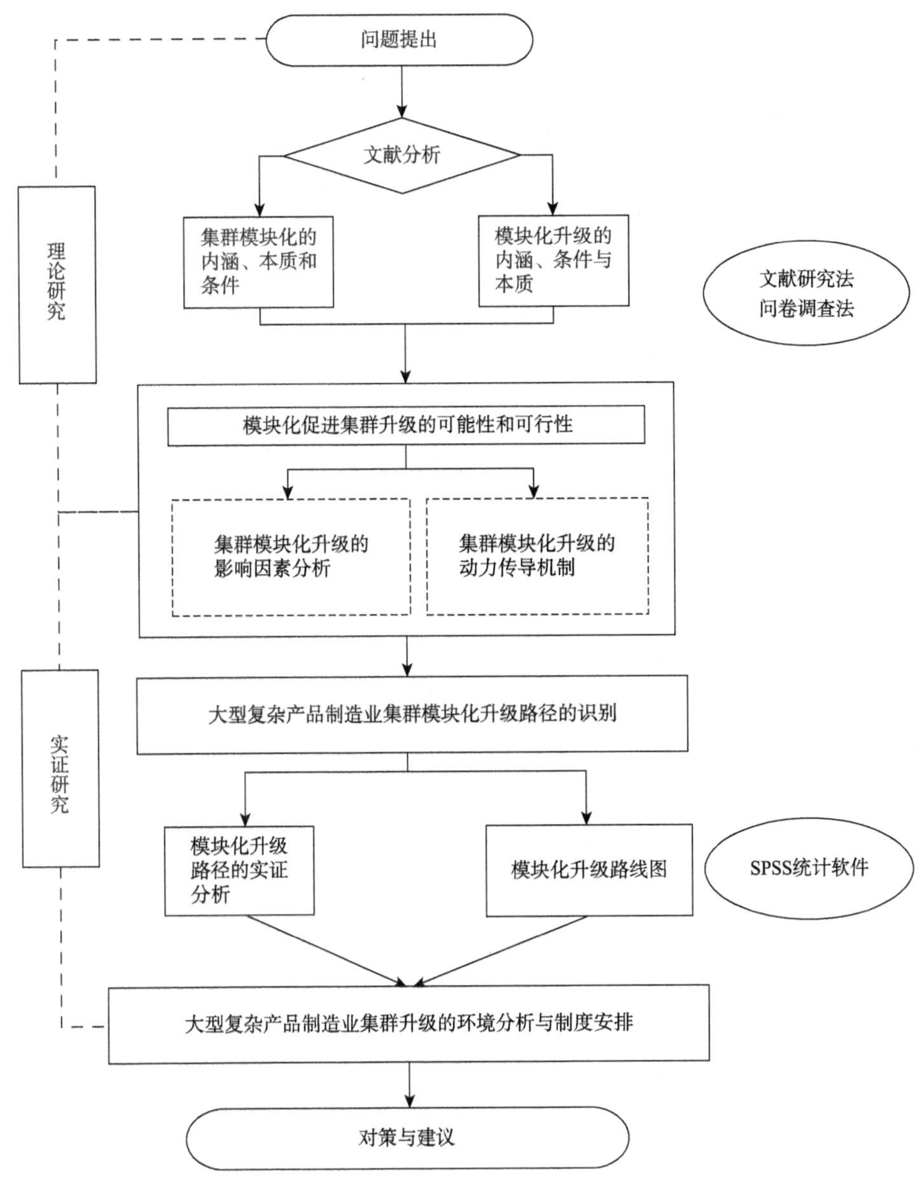

图 1-2 大型复杂产品制造业集群模块化升级机理的研究思路

（3）基于逆向外包的大型复杂产品制造业集群升级机理。揭示逆向外包的内涵和形成条件，提出逆向外包、知识吸收能力、集群技术创新绩效与集群升级之间关系的假设并建立理论模型，通过验证假设关系，厘清基于逆向外包的大型复杂产品制造业集群升级机理，探究逆向外包对我国大型复杂产品制造业集群升级的作用路径。研究思路如图 1-3 所示。

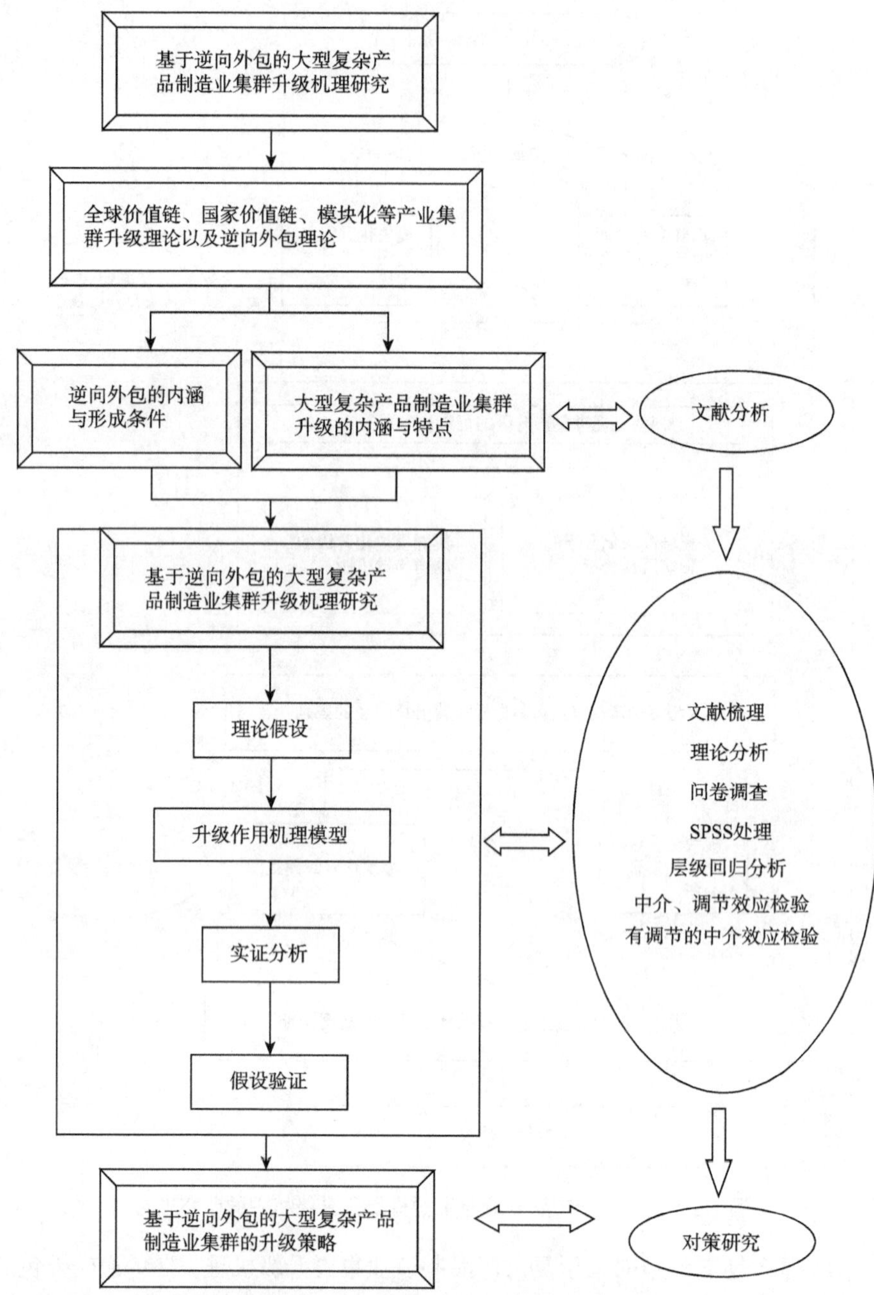

图 1-3　基于逆向外包的大型复杂产品制造业集群升级机理的研究思路

1.4 主要研究方法

本书将应用产业集群、供应链管理、技术创新、组织学习等理论，采用理论与实证相结合、演绎法与归纳法相结合、文献研究与案例研究相结合、定性分析与定量分析相结合的系统化研究方法，在现有产业集群升级理论的基础上，结合大型复杂产品制造业集群的特点以及存在的具体问题，分析和研究大型复杂产品制造业集群升级机理及路径。本书在研究过程中主要采用以下几种方法。

（1）文献研究是本书研究的一种重要方法。本书在研究过程中查阅了国内外产业经济、经济地理、供应链管理、战略管理、技术创新、组织学习等领域的有关文献，从而得以站在前人的肩膀上思考问题。事实上，理论框架的形成很大一部分就来自于前人研究文献的启示。

（2）理论研究与实证研究相结合。由于在大型复杂产品制造业集群升级领域目前还缺乏系统的研究，本书作为在这一领域的一种尝试，首先必须注重理论框架的构建，因此理论研究在这里显得非常必要。但理论的生命力来自于实证的支持，所以本书同样非常关注实证研究的开展。本书的实证研究以具体的大型复杂产品制造业集群为研究单位。

（3）定性研究与定量研究相结合。由于本书研究的对象是一种机理，因此定性的成分更多一些，但也涉及一定的定量研究。例如，本书运用 UCINET 统计软件，对大型复杂产品制造业集群进行社会网络分析，给出大型复杂产品制造业集群的社群图，并从社会网络的角度对其具体结构进行分析。又如，本书运用结构化问卷对大型复杂产品制造业相关领域人员进行调查，获取原始数据，通过实证分析结果来验证相关理论假设，阐释大型复杂产品制造业集群升级机理。

第2章　影响大型复杂产品制造业集群绩效的关键因素

文献研究在研究中处于关键地位，是专题研究的基础。但由于一般的描述性文献述评没有使用系统的方法来对以往文献的原始数据进行整合，因而在文献的选择上较为主观随意。鉴于一般的描述性文献述评存在的不足，国外研究者于 20 世纪 80 年代中期开始采用文献分析方法，并确立了文献元分析统计理论与技术。文献分析法也被称为系统性文献综述，是指采用一套明确的文献取舍标准，就某个特定的研究命题查阅大量相关或相近的文献资料，并从这些分散的文献资料中总结出该研究命题的相关结论（Cooper，1989）。从文献取舍的标准，到文献结论的概括，文献分析法确保了其过程的清晰，实质上是一种透明的文献综述研究机制（Borenstein et al.，2009）。其突出特点是在一般描述性的文献综述中融入对文献资料的统计综合分析，即元分析。元分析将为本书的研究提供一套客观的、可计量的文献分析讨论框架。

2.1　原始数据收集

文献是指为使信息系统化、有序化，人们用文字、符号、声频和图形等手段记录人类所掌握知识的一种信息载体（徐航等，2012）。而利用文献分析对问题进行研究，在查找大量的相关文献、从多个渠道获得文献的基础上，整合出的信息来源更为科学和可靠。本书使用的文献资料来源主要有四个渠道，如图 2-1 所示。

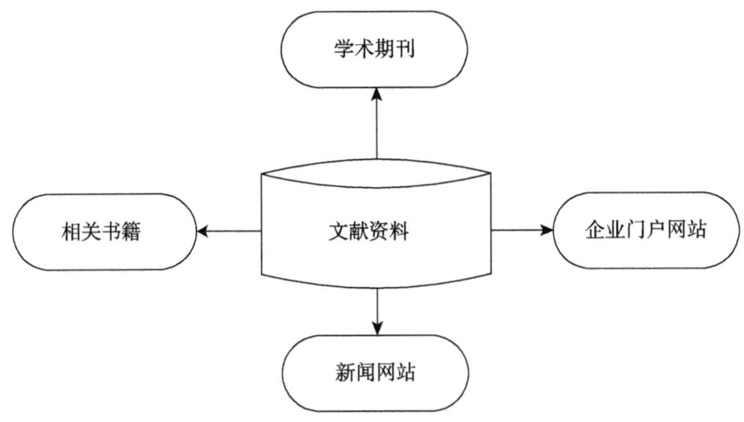

图 2-1　文献资料来源构成

2.1.1　原始数据来源

中文文献主要来源于中国期刊全文数据库，以“大型复杂产品制造业集群”、“高新技术产业集群”、“高端装备制造业集群”、“航空产业集群”、“航天产业集群”、“船舶制造业集群”和“汽车制造业集群”等为关键词，检索国内 2004~2015 年公开发表的中文期刊论文、硕士学位论文、博士学位论文，提取字段用于分析。鉴于数据库收纳量和全文特征，英文文献来自于 Elsevier、CUP 剑桥大学出版社、EBSCO 等数据库并作为补充。

目前，众多专家学者对影响产业集群绩效的因素进行了广泛的研究，并根据各自对集群绩效问题的理解，从不同的角度提出了绩效的影响因素。纵观大型复杂产品制造业集群绩效研究的发展，可以发现：①我国对集群绩效的研究在最近十年发展非常迅速，而 2004 年之前对此所进行的研究几乎处于空白阶段。近几年，我国产业集群已经从最初的成因溯源及运行机制等形成问题的研究，发展到目前的指标选择和评价方法的应用和改进。国内最初的研究集中在偏理论的发展评价研究方面，而后逐渐展开到其他方面，并在过去的十年里取得了较为丰硕的研究成果。②指标选择由最初一些定性的、概括性指标向定量的、具体性指标演化，指标选择也更加全面，不仅考虑集群内部因素等指标，还考虑了所在地域的社会经济等外延指标，指标选取方法也更为丰富。

2.1.2　产业集群绩效影响因素的文献分析

对 2004~2015 年 CNKI 收录的有关“大型复杂产品制造业集群”、“高技术产业集群”、“高端装备制造业集群”、“航空产业集群”、“航天产业集群”、“船舶制造业集群”和“汽车制造业集群”等，以及 Elsevier、CUP 剑桥大学出版社、EBSCO

英文数据库收录的有关"high-tech industry clusters"的相关文献进行了人工筛选和年代分析之后，整理结果如表 2-1 所示。其中，涉及集群绩效的相关指标及出现频次如表 2-2 所示。

表 2-1　2014~2015 年文献逐年和累计量分布（单位：篇）

年份	逐年文献	累计文献
2004	7	7
2005	6	13
2006	18	31
2007	18	49
2008	20	69
2009	36	105
2010	31	136
2011	40	176
2012	32	208
2013	38	246
2014	41	287
2015	44	331

表 2-2　文献中相关指标及出现频次（单位：次）

一级指标	二级指标	出现次数
集群社会资本	社会网络成熟度	11
	信任机制	2
	集群文化	8
集群整合能力	合作能力	9
	供应商价值链完整程度	7
	销售渠道价值链完整程度	1
	分工水平	4
	群内竞合博弈程度	4
集群投融资体系	风险投资机制	7
	固定资产投资额	18
	金融支持力度	7
	投资回收期	1
集群制度体系	政府政策	13
	行业规范	7
	政府制度创新能力	4

续表

一级指标	二级指标	出现次数
集群区位优势	大工业基础	12
	公路密度	9
	基本建设投资	9
	邮电业务总量	5
	土地价格	1
集群投入水平	资源需求	3
	R&D 经费支出	24
	研发人员占职工比重	26
	研发经费占销售额比重	13
	产业从业人数	26
	政府科技拨款占财政支出比重	13
	平均资本投入产出比	3
	技术升级经费支出	8
集群科技产出	工业总产值	23
	资产总计	11
	新产品产值	23
	利润总额	20
	全员劳动生产率	12
	产品销售率	9
	产值利税率	16
	进口商品总值	2
	出口商品总值	16
	产业集群集聚度	7
	市场占有率	10
	资产负债率	7
集群科技创新	专利申请总量	11
	专利授权总量	21
	技术合同成交额	8
	自主知识产权产品数	5
	职工培训经费	8
集群发展绩效	人均生产总值	3
	生产总值增速	1
	技术成果利用率	2

续表

一级指标	二级指标	出现次数
集群科技环境	每万人中本科及以上在校人数	6
	每万人中专业技术人员数	7
	大学和科研机构数	19
	企业数量	22
	集群内知识产权保护力度	4
	企业管理效率	3
	科技活动经费支出	8
集群发展后劲	孵化面积	2
	在孵企业	12
	在孵收入	1
	孵毕收入	5
	孵化基金	3

2.2 问卷设计

经过文献分析，发现产业集群绩效的影响因素主要反映了以往各研究学者的观点，数量较多，主观性较强，且其科学性和准确性难以得到有效的保证，因此有必要对影响大型复杂产品制造业集群绩效的因素进行进一步整理总结，以提高研究的科学性和准确性。而由于上述影响大型复杂产品制造业集群绩效的指标数据从相关统计数据中很难得到，本书采用调查问卷法，以文献分析所得影响因素为依据，采用 SPSS 主成分分析的方法，对影响大型复杂产品制造业集群绩效的因素进行剔除合并，确定大型复杂产品制造业集群绩效的影响因素，为研究集群网络结构对集群绩效的影响奠定基础。

本章由文献分析方法总结涉及的变量，并依据变量出现频次进行归纳，据此设计了如下变量及测量指标（表 2-3）。由表 2-3 可知，归纳出的影响大型复杂产品制造业集群绩效的因素有 11 项，且与实际情况相符，但因素数量仍然较多，测量指标也较为庞杂。我们通过文献分析法，整理相关文章，获得了初步的集群绩效影响因素范围后，进一步开展统计分析工作，最终目标是找出关键影响因素。依据目前大型复杂产品制造业集群的实际，考虑到实际调研中的指标数据可得性，删减不符合实际的因素，同时合并含义相近的指标，确立了大型复杂产品制造业集群绩效的关键影响因素，并作为调查问卷的题项。

表 2-3　变量及测量指标

对应变量	测量指标
集群社会资本 X_1	信任机制、集群文化
集群整合能力 X_2	合作能力、供销价值链完整程度、分工水平
集群投融资体系 X_3	风险投资机制、固定资产投资额、金融支持力度
集群制度体系 X_4	政府政策、政府制度创新能力
集群区位优势 X_5	大工业基础、基本建设投资、土地价格
集群投入水平 X_6	R&D 经费支出、产业从业人数、政府科技拨款占财政支出比重
集群科技产出 X_7	市场占有率、产值利税率、新产品产值、利润总额
集群科技创新 X_8	专利授权总量、职工培训经费、技术合同成交额
集群发展绩效 X_9	人均生产总值、生产总值增速、技术成果利用率
集群科技环境 X_{10}	企业管理效率、大学和科研机构数、集群内知识产权保护力度
集群发展后劲 X_{11}	孵化面积、在孵企业、孵化基金

调查问卷法是常用的一种实证研究方法，是指采用填写式或结构化问卷的方法，系统和直接地在一个社会群体中收集样本信息，并通过数据的统计分析来认识社会现象及其规律的社会研究方法（蔡秀玲和林竞君，2005）。在问卷调查中，单一题项通常只能刻画因素的某一方面的内容，因此为提升问卷的信度，通常变量的测量需要设计多个题目来实现。因此，本书在问卷中通过设计多个题目对各个变量进行了测量，以提高度量的信度和效度。

问卷调查在选择问卷对象时主要考虑了以下因素：①尽量以中高层管理者为主，因为该部分人群对本企业所处集群的绩效最为了解；②为了保证问卷结果的全面性，在选择调查企业时，需要尽量涵盖到集群供应链上中下游的相关企业，且企业发展较成熟。

调查问卷是本书最主要的数据来源，因此，有效的问卷设计对研究结论有着重要的作用。根据许多学者的研究建议，本书采取以下流程对问卷进行开发。

（1）阅读相关文献，并依据大型复杂产品制造业集群特点，对出现次数较多的因素进行归纳、设计题项，完成问卷初稿。

（2）问卷初稿完成后，与业内人士和专家等讨论、征求修改意见。

（3）通过预测试，对题项进行进一步修改，最终定稿问卷。

问卷内容包括两部分，即问卷对象基本信息调查及 32 个问卷题目。在问卷题目上，采用李克特（Likert）五级计分法，即采用数字 1~5 分别代表问卷对象对问题中描述状况从极不同意到完全同意的看法，3 为中性答案。问卷的每个题目用中等长度的句子表示，同时每个题目都尽可能用口语化形式表达，调查问卷见附录 1。

数据的真实有效性是进行研究分析的前提和基础。为尽可能获取到适于本书的相对充足且真实有效的样本量，课题组共发放 150 份调查问卷，共回收 128 份，其中 6 份回答不完全，有效问卷 122 份，问卷有效率 81.3%。其中，中高级管理者数量占调查对象的 76%，工作年限 6 年及以上的占 89%。

2.3 集群绩效关键影响因素的实证分析

2.3.1 信度和效度检验

信度和效度检验是指与各变量相关的题目设计以及数据收集是否可靠和有效，它是研究中的一个重要组成部分。实证分析只有满足信度和效度要求，其结论才具有说服力。

1）信度分析

信度是指问卷中数据和测量结果的一致性与稳定性程度，即问卷能否可靠地测量出它想要测量的事项的程度（刘全和刘汀，2010）。在对问卷进行数据分析前，必须检验问卷的信度，以保证测量的水平。检验信度的指标为 Cronbach's α 系数，这个系数反映了各变量之间公因子的关联性，较高的 α 系数能保证变量符合信度要求。表 2-4 显示了可信度的判断标准。

表 2-4 Cronbach's α 系数表

可信度	Cronbach's α 系数
不可信	Cronbach's α 系数<0.5
勉强可信	0.5≤Cronbach's α 系数<0.6
可信	0.6≤Cronbach's α 系数<0.7
很可信	0.7≤Cronbach's α 系数<0.9
十分可信	0.9≤Cronbach's α 系数

本书采用 SPSS 19.0 统计软件进行信度分析，结果如表 2-5 所示。从表 2-5 中可看出，问卷总体的 α 系数为 0.856，属于很可信的范围，说明问卷的可靠性较高。但集群投入水平和集群发展绩效两项的 α 系数均低于 0.5，属于不可信范畴。剔除题项“产业从业人数”后，集群投入水平变量 α 系数为 0.695，结果属于可信范畴；而集群发展绩效变量中三个题项组合的 α 系数均低于 0.5，此变量予以剔除。

表 2-5 信度检验

变量名称	Cronbach' s α 系数
问卷总体	0.856
集群社会资本 X_1	0.789
集群整合能力 X_2	0.693

续表

变量名称	Cronbach' s α 系数
集群投融资体系 X_3	0.671
集群制度体系 X_4	0.833
集群区位优势 X_5	0.559
集群投入水平 X_6	0.304
集群科技产出 X_7	0.624
集群科技创新 X_8	0.535
集群发展绩效 X_9	0.323
集群科技环境 X_{10}	0.620
集群发展后劲 X_{11}	0.843

2）效度分析

效度分析能够反映出研究者真正想要测量的变量，其结果反映了数据与理想值的差异程度（李怀祖，2004），包括内容效度和结构效度。

本书用以测量集群绩效影响因素的问卷，是参考了国内外学者的理论研究和相关研究成果，并结合实地调研进行修正后加以总结而得出的，因此可以认为问卷具有相当程度的内容效度。

KMO 是所有变量的简单相关系数的平方和与这些变量之间的偏相关系数的平方和之差。相关系数实际上反映的是公共因子起作用的空间；偏相关系数反映的是特殊因子起作用的空间。当 KMO 越大时，变量间的共同因子越多，越适合进行因子分析。根据学者 Kaiser（1974）的观点，KMO 值小于 0.5 时不适宜进行因子分析。

利用 SPSS 19.0 统计软件进行 KMO 和 Bartlett 球体检验，结果如表 2-6 所示。KMO 样本测度值为 0.541，这说明数据比较适合做因子分析。同时 Bartlett 球体检验为 0.000，说明数据相关阵不是单位阵，具有相关性，也说明统计数据是适合做因子分析的。

表 2-6　KMO 和 Bartlett 的检验输出结果

KMO 检验统计量		0.541
Bartlett 球体检验	近似卡方	764.347
	df	378
	Sig.	0.000

2.3.2　数据处理

主成分分析是因子分析的一种，即利用降维的思想，在信息损失较少的前提下把多个指标转化成几个综合指标的多元统计方法（李小胜和陈珍珍，2010）。通常把生成的综合指标称为主成分，每个主成分都是初始变量的线性组合，且各个主成分之间都不相关，因此主成分比初始变量更优越。本书采用主成分分析法来展开分析，通过对各变量相关性和代表性的分析，合并同类项，进而得出大型复杂产品制造业集群绩效的影响因素。

把数据输入 SPSS 软件中，可知初始特征值、方差贡献率及旋转后方差贡献率，如表 2-7 所示。

表 2-7 总方差的解释表

成分	初始特征值			提取平方和载入			旋转平方和载入		
	合计	方差/%	累积/%	合计	方差/%	累积/%	合计	方差/%	累积/%
1	6.480	3.142	23.142	6.480	23.142	23.142	3.972	14.186	14.186
2	3.526	2.592	35.734	3.526	12.592	35.734	3.138	11.207	25.394
3	2.456	8.772	44.506	2.456	8.772	44.506	3.074	10.977	36.371
4	2.152	7.687	52.193	2.152	7.687	52.193	2.566	9.163	45.535
5	1.895	6.768	58.960	1.895	6.768	58.960	2.150	7.678	53.213
6	1.507	5.381	64.341	1.507	5.381	64.341	2.014	7.193	60.406
7	1.208	4.315	68.656	1.208	4.315	68.656	1.772	6.327	66.733
8	1.147	4.095	72.752	1.147	4.095	72.752	1.685	6.019	72.752
9	0.985	3.517	76.269						
10	0.843	3.011	79.280						
11	0.801	2.861	82.141						
12	0.717	2.561	84.702						
13	0.679	2.426	87.128						
14	0.564	2.013	89.141						
15	0.495	1.768	90.909						
16	0.428	1.529	92.438						
17	0.385	1.377	93.814						
18	0.306	1.094	94.908						
19	0.246	0.879	95.787						
20	0.236	0.844	96.631						
21	0.193	0.691	97.322						
22	0.187	0.668	97.990						
23	0.153	0.545	98.535						
24	0.121	0.431	98.966						
25	0.102	0.366	99.332						
26	0.090	0.320	99.651						
27	0.063	0.226	99.878						
28	0.034	0.122	100.000						

从表 2-7 的累积方差贡献率可以看出，可以选取 8 个主成分，这些主成分解释了总体 73%的差异，解释率较好。这 8 个主成分同时也可以反映出影响绩效的主要因素。

因子载荷矩阵中（表 2-8），可以看出有 6 个题项——技术合同成交额、职工培训经费、产值利税率、利润总额、大学和科研机构数、土地价格在每一维度中的载荷都低于 0.50，说明这 6 个题项对测量因子无突出贡献，因此予以剔除。

表 2-8　旋转后的因子载荷矩阵

因子	成分							
	1	2	3	4	5	6	7	8
政府制度创新能力	0.730							
企业管理效率	0.647							
孵化基金	0.639							
分工水平	0.630							
大工业基础	0.618							
基本建设投资	0.617							
政府政策	0.617							
信任机制	0.603							
供销价值链完整程度	0.573							
合作能力	0.566							
集群内知识产权保护力度	0.532							
技术合同成交额	0.446							
风险投资机制		0.733						
集群文化		0.614						
固定资产投资额		0.550						
金融支持力度		0.516						
职工培训经费		0.437						
在孵企业			0.612					
孵化面积			0.543					
市场占有率				0.577				
新产品产值				0.563				
产值利税率				0.495				
政府科技拨款占财政支出比重					0.643			
专利授权总量					0.612			
利润总额						0.498		
大学和科研机构数						0.450		
土地价格							0.400	
R&D 经费支出								0.668

综上所述，通过主成分分析方法，得到了由 22 个题项组成的 6 个主要因子，反映了影响大型复杂产品制造业集群绩效的相关因素。对各主成分进行重新命名（表 2-9），本书后续工作将依据表 2-9 进行。

表 2-9　主成分命名表

对应变量	测量指标
集群内外部环境	政府制度创新能力、企业管理效率、孵化基金、分工水平、大工业基础、基本建设投资、政府政策、信任机制、供销价值链完整程度、合作能力、集群内知识产权保护力度
集群投融资体系	风险投资机制、集群文化、固定资产投资额、金融支持力度
集群发展后劲	在孵企业、孵化面积
集群科技产出	市场占有率、新产品产值
集群科技创新	政府科技拨款占财政支出比重、专利授权总量
集群投入水平	R&D 经费支出

通过文献分析和问卷发放，利用主成分分析法，得出了影响大型复杂产品制造业集群绩效的关键指标，主要有 6 个因素，分别为集群内外部环境、集群投融资体系、集群发展后劲、集群科技产出、集群科技创新和集群投入水平。

我国大型复杂产品制造业集群纵向产业链完整，横向同类企业和互补企业相互联系，各级政府和行业协会都发挥了积极的协调和引导作用，集群的社会根植性表现显著，各类要素在集群内各类企业中交流共享。从网络关系和结构层面来看，我国大型复杂产品制造业集群网络特征明显。在紧密合作的网络中，影响集群绩效的关键因素与集群的网络结构相互影响、相互作用，对彼此的发展有着重要的影响。从网络结构视角来看，产业集群绩效关键因素的改善在很大程度上依赖于集群网络体系的完善，完备的集群网络结构可以为集群提供优质的内外部创新环境和丰富的共享资源，推动集群中的企业进行创新与合作，为企业的发展提供更多动力。

第 3 章 集群网络结构

Harkanson（1987）将网络概括为由具有参与活动能力的行为主体在主动或被动参与活动过程中，通过资源流动形成的行为主体之间正式或非正式关系（陆瑶和徐利新，2012）。本书将网络定义为特定范围内的各主体要素发生的有形和无形资源传递、共享以及彼此之间的各种经济社会联系的总和。

研究集群的网络结构时必须考虑网络内部行为主体的自身经济特征和行为主体之间的特定经济关系以及由此所导致的集群特征的差异。本书就是基于该方面的认识，对大型复杂产品制造业集群网络结构展开研究的。

3.1 大型复杂产品制造业集群网络要素界定

3.1.1 产业集群系统

系统是物质世界存在的基本方式，系统内部诸要素之间相互作用，彼此之间相互联系，形成统一的有机整体（李凯和李世杰，2004）。系统经济学中将要素定义为具有特定经济功能，具备自我组织、自我发展的相对独立的经济单元。

大型复杂产品制造业集群是一个独立的系统，由众多要素相互联系而成。本书认为，大型复杂产品制造业集群内部的各类经济体以及为之提供存在基础的相应生产、生活性资源和外部环境因素等集群要素共同构成一个特定区域的经济系统，系统具备完整、相对独立的经济与社会功能。

3.1.2 集群网络节点要素构成

集群网络中主要包含企业、政府部门、科研机构、金融组织和中介机构等成员，它们构成了一个网络的节点（石忆邵等，2012）。而从单个企业的角度出发，与之存在联系的企业成员又可以进一步细分为上游企业、下游企业、同业竞争企业、其他企业（非上游、下游和同业竞争企业，如物流企业）等。

集群内节点间的关系从性质上分有三类，分别是基于信任的社会联系、基于契约的市场联系和基于联盟的交易联系。集群内部的企业网络从结构上可以分成垂直和水平两种：垂直联系是通过买和卖的链条实现的；水平联系则是通过互补产品和服务，使用相似的专业投入、技术或者制度等实现的。除了网络内部复杂的成员关系以外，集群成员还要通过开放的集群边界与外部环境进行物质和能量的交换，集群网络始终处在动态演化状态之中。

大型复杂产品制造业集群内部的所有要素大致可以划分为三大类，即经济要素、资源要素和环境要素。经济要素主要体现为集群内部的独立的经济体，如核心制造企业及各类社会机构。资源要素包括资本、人力、技术和自然资源。环境要素是指集群经济要素的生存环境，包括自然环境、区域的基础设施、人文环境及网络化环境。需要特别指出的是，这里所谓的网络化环境特指集群经济要素之间存在的可见或不可见的社会、经济关系网络。

出于研究可行性的考虑，此处不分析不可控的资源性要素和外部基础设施。若非特别指出的话，本书中所说的大型复杂产品制造业集群要素只包括各类核心企业（以航空产业为例，包括一个或几个核心主导企业，上游飞机标准件、航电设备、机电设备和机体等专业化投入的相关供应企业，下游服务维修企业和客户，辅助性产品、竞争产品的制造企业及跨产业的配套制造企业等）和相关支撑机构（包括科技研发、提供专业化培训和技术支持的政府及其他机构，如大学、标准的制定机构、研究所、金融等服务机构，职业培训提供者和产业联盟等中介机构），以及这些经济要素之间的社会、经济网络关系。

3.2 大型复杂产品制造业集群网络结构模型

不同的网络在集群的发展中扮演不同的角色，同样，一个集群在不同的网络联系中获益状态也不同（Hite，2000），关键在于集群处于何种网络中，其网络的结构如何。这说明了集群的网络结构对企业发展有影响。

结构是指系统内部诸要素之间、系统要素与系统整体之间的相互联系、相互作用。Hoang 和 Antoncic（2003）认为，根据社会网络的理论和经验研究，社会网络可以被分为三个维度，即网络结构、网络治理和网络内容。网络结构最早是考虑网络中个体连接差异带来的结果，也就是说，社会网络成员通过互动而接近信息，同时被连接起来，连接的特征将影响信息的可得性、时效性和质量，而最能系统地阐述该观点的是 Burt（1995）的结构洞理论。由此可见，作为网络理论研究的焦点，网络结构解释了人与人之间、人与组织之间及组织与组织之间是如何联系的。因此，本书认为，网络结构就是指网络参与者之间直接或间接的联系模式。结合大型复杂产品制造业集群网络关于要素的界定，本书构建了大型复杂产品制造业集群的网络结构（图 3-1）。

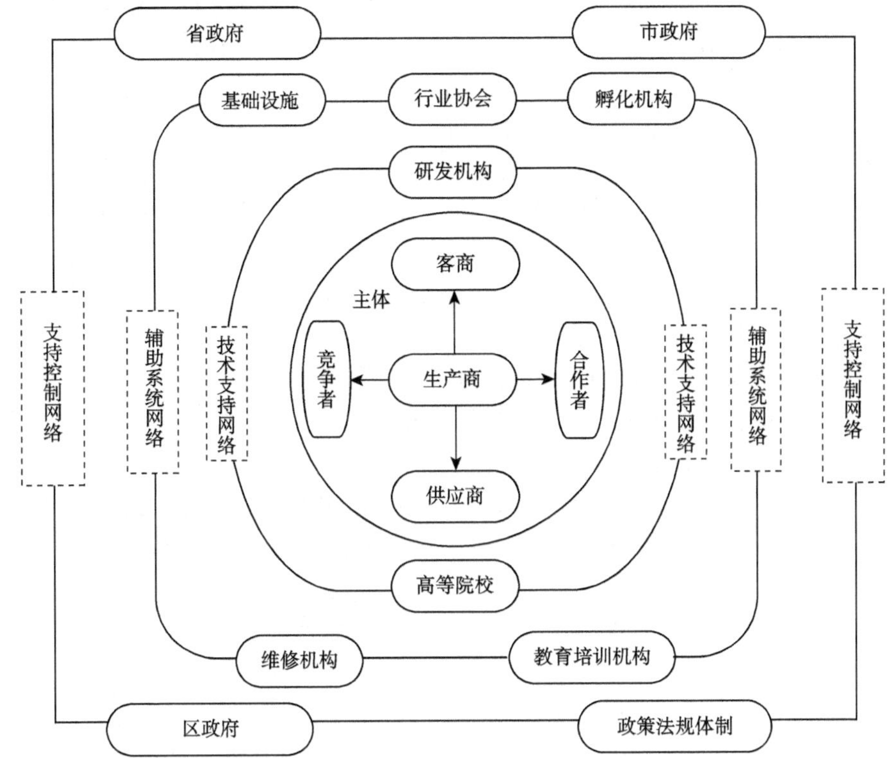

图 3-1　大型复杂产品制造业集群的网络结构

大型复杂产品制造业集群网络结构蕴含着两个层次网络，即产业网络层（内层）和区域社会网络层（外层）。其中，区域社会网络层又包括技术支持层、辅助系统层和支持控制层。由集群内部的各个主体要素——生产商、供应商、客商、竞争者和合作者为节点，以它们之间基于产业关联的经济技术合作关系形成的网络层面就是产业网络层；以集群的社会主体为节点，以它们之间存在的社会关系形成的网络层面就是区域社会网络层。这两层网络结构并非各自独立，而是基于产业关联、知识共享、社会规制与公共服务而紧密联系在一起的。产业网络层是大型复杂产品制造业集群网络结构的内核，以核心制造企业与配套企业的经济联系为体现形式；区域社会网络层是集群网络结构的外层，为产业网络层提供技术、知识、资源及公共服务和规制等。

航空产业集群是典型的大型复杂产品制造业集群。本书以陕西阎良航空产业集群为例说明大型复杂产品制造业集群网络结构的属性和特点。作为由国家直接投资建设的新工业区之一，陕西阎良航空产业集群发育已较为完善，建立起了阎良国家航空高技术产业基地，形成了以航空发动机、机载系统、航空大部件、航空新材料为分支产业，以航空零部件加工、航空维修、转包生产、航空相关设备、航空教育培训等为配套产业的完整产业体系。目前，陕西阎良航空产业集群在民用飞机领域居全国第一，航空制造产业资产规模、生产总值、人才总量和科技成果均占全国三分之一左右，已成为我国航空制造产业体系中的重要基地。

本书依据产业链的地位不同，主要从主体之间的关系着手，将陕西阎良航空产业集群社会网络简化成只包含企业、政府和科研机构三种节点的模型，选取核心企业中规模较大的企业及科研机构共 15 家，建立一个 15 行×15 列的矩阵。根据格兰诺维特的统计理论研究结果，这个度量得出的相关估计值是比较可信的。

此外，本书利用数据库、企业网站及搜索引擎上关于企业的信息进行检索，从产业链所处地位及产品构成的角度，依据企业公开发布的基本情况、主营产品、对外交流及合作信息等维度来得出节点之间的关系数据，用 0 表示两者之间无关系，用 1 表示两者之间有关系，以此关系数据为依据列出矩阵，并通过 UCINET 软件输入该系列数据，如表 3-1 和表 3-2 所示，进而运用 UCINET 软件进行分析，得到产业集群社群图和具体的网络结构特征，对陕西阎良航空产业集群进行多角度的分析。

表 3-1 航空产业集群网络关系矩阵

集群中单位	西飞	陕飞	试飞院	一飞院	宝成仪表	华兴机轮	燎原机械	宏远锻造	航空电气	西航集团	西飞国际	新泰航空	航空动力	研究所	高校
西飞	0	1	1	1	1	1	1	1	1	1	1	1	0	1	1
陕飞	1	0	1	1	1	1	1	1	1	1	1	0	1	1	1
试飞院	1	1	1	0	0	0	0	0	0	1	1	0	0	1	1
一飞院	1	1	0	0	0	0	0	0	0	1	1	0	1	1	1
宝成仪表	1	1	0	0	0	0	0	0	0	1	1	0	0	1	1
华兴机轮	1	1	0	0	0	0	0	0	0	1	1	0	0	1	0
燎原机械	1	1	0	0	0	0	0	1	0	1	1	0	1	0	1
宏远锻造	0	1	0	0	0	0	1	0	0	1	1	0	0	0	0
航空电气	1	1	0	1	0	0	0	0	0	1	0	0	1	0	1
西航集团	1	1	1	1	1	1	1	1	1	0	1	0	1	1	1
西飞国际	1	1	1	0	1	1	1	1	0	1	0	0	1	1	1
新泰航空	1	0	0	0	0	0	0	0	0	0	0	0	0	1	0
航空动力	0	1	0	1	0	0	1	0	1	1	1	0	0	1	1
研究所	1	1	1	1	1	1	0	0	0	1	1	1	1	0	1
高校	1	1	1	1	1	0	1	0	1	1	1	0	1	1	0

表 3-2 航空产业集群整体网络指标

指标	整体密度	标准差	平均距离	凝聚力
指标值	0.516 7	0.499 7	1.419	0.694

处于特定社会网络中的行动者都与其他行动者有着或多或少、或强或弱的关系，社群图可以从宏观角度来观测整个网络的发展规模、发展结构、网络集中性、关系数量和节点所处地位等。因此，我们通过社群图对陕西阎良航空产业集群进行分析。将输好的矩阵导入 UCINET 软件，可以得到航空产业集群整体网络的相关指标，如表 3-1 所示。

由表 3-2 可知，集群网络的整体密度一般，说明集群社会网络节点间的关系紧密度不高，互动程度一般；但同时集群网络的平均距离较小，集群内企业间联系较为便捷，信息与资源的流通性较好；集群网络的凝聚力指数为 0.694，表明集群网络凝聚力较大，网络节点联系紧密、关系较强，并在一定程度上弥补了网络整体密度较低的缺陷。

陕西阎良航空产业集群的个体网络指标如表 3-3 所示。由表 3-3 可知，西飞、陕飞、西航集团和西飞国际在网络中的规模较大、关系总数较高、作为中间人的次数最多，因此这四个企业在网络中居于中心地位，为网络的核心，与其他企业有着密切的联系，在网络中掌握的资源最多。网络中其他企业与其差距较大，因此资源拥有量的差异明显。

表 3-3 陕西阎良航空产业集群的个体网络指标

集群中单位	规模	关系总数	密度/%	平均距离	直径	中间人
西飞	12	76	57.58	1.45	3	28
陕飞	13	94	60.26	1.4	2	31
试飞院	7	42	100.00	1	1	0
一飞院	8	52	92.86	1.07	2	2
宝成仪表	6	30	100.00	1	1	0
华兴机轮	5	20	100.00	1	1	0
燎原机械	7	34	80.95	1.19	2	4
宏远锻造	4	12	100.00	1	1	0
航空电气	5	18	90.00	1.1	2	1
西航集团	13	94	60.26	1.4	2	31
西飞国际	12	86	65.15	1.35	2	23
新泰航空	2	2	100.00	1	1	0
航空动力	8	44	78.57	1.21	2	6
研究所	11	72	65.45	1.36	3	19
高校	11	80	72.73	1.27	2	15

通过 UCINET 软件可自动生成中心性分析图谱，如图 3-2 所示。由集群网络关系图谱可以看出，陕西阎良航空产业集群具有轮轴性产业集群的特点，网络中心性较高，即以网络中几个大中型企业为主体，如西飞、陕飞、西飞国际和西航集团，通过先进的技术、富有竞争力的产品和良好的信誉而获得了大量的关系连接，成为集群中的核心节点，并通过这些关系连接，辐射周边中小企业，从而实现规模效应，带动整体发展。

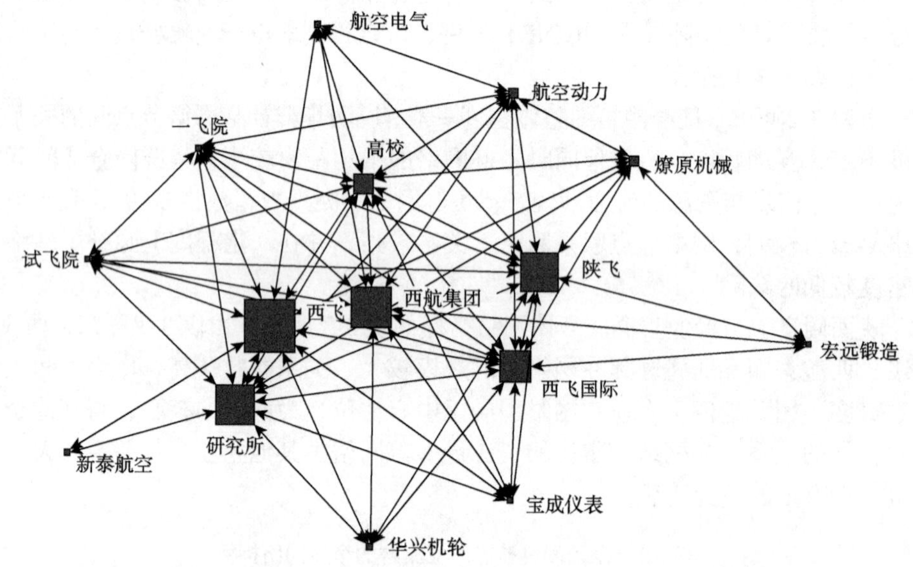

图 3-2　陕西阎良航空产业集群网络关系图谱

本章以陕西阎良航空产业集群为例，运用 UCINET 软件，对陕西省航空产业集群的网络结构情况做了进一步的探讨与分析，给出了陕西航空产业集群网络的特征，为第 4 章和第 5 章进行集群绩效与集群网络结构之间关系的理论假设和实证分析提供了可行性并奠定了基础。

第 4 章　集群网络结构与集群绩效关系的理论假设

4.1　网络结构变量定义及测量

产业集群可以看做一种区域性的企业网络。产业集群网络就是指在产业集群所涵盖的空间范围内的所有行为主体彼此之间基于资源的传递和共享而发生的错综复杂的经济关系与社会交流的总和。显然，不同类型的产业集群，其内部网络结构也由于集群行为主体的经济特征以及行为主体之间关系定位和指向的不同而有较大差异。

社会网络分析中刻画网络结构特征的变量有很多，按照分析层次可以分为单一节点层次、节点间的关系层次和网络整体层次，本书主要关注大型复杂产品制造业集群网络结构和集群内企业间的相互关系对产业集群绩效的影响。

关于网络结构的维度，大量的学者进行了研究。对于网络结构的构成，Nahapiet 和 Ghoshal（1997）认为其包括网络联系的属性、网络密度、网络连通性、网络层次性，其中网络联系的属性是网络结构的根本，通常包括强联系和弱联系两个方面。Inkpen 和 Tsang（2005）认为网络结构包括网络联系的属性、网络密度等方面。金凤君等（2005）认为，基于航空网络非平面化的特征，其网络结构的考察指标包括网络联结、网络密度和节点枢纽度。通过分析发现，几位学者都提到网络联系的属性，但在具体分析时都涉及强联系及弱联系，因此其与网络密度是重复的。而强联系与弱联系划分依据的是网络强度。因此，可以将上述学者的划分整合为两个方面，即网络密度和网络强度。其中网络密度是指网络中节点的数量；网络强度是指网络成员间联系的频繁程度。

Siu 和 Bao（2008）认为，网络结构的考察指标有两个，即网络规模和网络中心度。曹丽莉（2008）认为，作为中卫型集群，即以大企业为中心、以众多小企业为外围而形成的集群，网络中心度是最重要的考察要素之一。朱海燕和魏江（2009）以网络密度、网络中介性和网络中心度作为维度指标考察知识密集型产业的整体网络。因此，可以将网络中心度作为衡量网络结构的指标。

Aldo 等（2000）在报告中指出，将产业集群作为网络组织进行研究，强调其“组织接近”“组织关联”比以往单纯强调产业集群的空间地理接近或专业化分工更为重要。因此，产业集群的网络结构不仅包括企业间的位置、角色等因素，还包括纵横交织、相互关联的企业之间的合作关系。

Hogan 等（1994）认为，信任能够有效地降低监督成本，促进成员之间的协作行为，支持成员的创新，为企业带来不可模仿的竞争优势，进而使组织受益。曹科岩等（2008）和简兆权等（2010）都将信任和信息共享作为网络关系的指标，考察其对企业绩效的影响。Capaldo（2007）通过 3 个指标来衡量企业间网络关系的强度，即关系持续时间、合作解决问题的频率和强度。李志刚等（2007）将企业间的合作与互惠程度、网络密度作为网络结构变量，考察了其与企业绩效之间的关系。从以往学者的研究来看，信任、合作及信息共享成为网络关系结构分析的主要指标。

综上并根据大型复杂产品制造业集群实际，选取 3 个网络结构要素和 3 个网络关系要素，作为测量大型复杂产品制造业集群网络结构状况的 6 个维度指标，如图 4-1 所示。

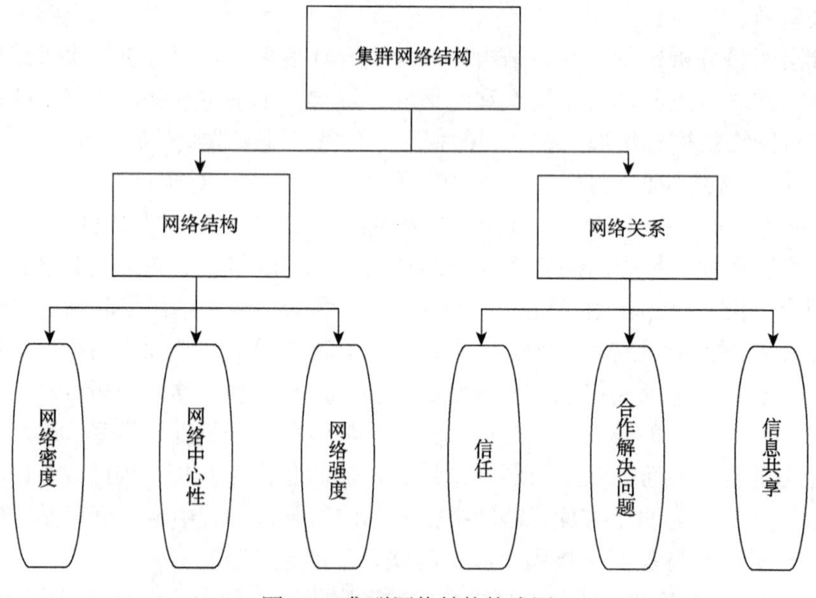

图 4-1 集群网络结构构成图

4.2 研究假设

大型复杂产品制造业集群是以核心制造企业为中心，众多支撑机构为外围而形成的集群，规模较大，在产业链上分工协作紧密，网络结构稳定有序。集群中的生产商作为核心，将上下游供应商、客户等凝聚在一起，使基于市场交易之上的社会连接更加紧密。在整个集群产业链中，核心企业发挥着调度和协调的作用，主导着资源配置方向，协调企业之间的利益分配，同时承担着较大的市场和研发风险。而其他配套厂商都是围绕着核心企业进行生产的。这种严格的分工和密切的网络结构能够降低有形成本，提升集群的核心竞争力。大多数研究认为集群网络结构与集群之间存在着正相关关系。王发明等（2006）认为，企业能够获得的社会资本的多寡，取决于其拥有的社会联结的多少，每一个联结代表了各类资源获取的渠道。拥有紧密的网络联系的企业，其所处的网络越广泛、越复杂，成长的机会越多，最终获得成功的可能也越大（Mazzola and Bruni，2000）。杨锐和黄国安（2005）通过对杭州手机产业集群进行研究，发现包括企业在集群中所处的位置在内的网络结构指标对集群的创新及绩效有着重要的促进作用。基于以上分析，我们做出以下假设：

H_1：网络结构对大型复杂产品制造业集群绩效显著正相关。

网络关系强度用以衡量网络关系力度的强弱。基于强关系和弱关系这两种理论的探讨，网络关系强度对集群绩效的影响一直存在争论。支持弱关系理论的学者认为弱网络关系促进了显性知识的转移，有助于企业接触多元化信息，有利于探索型创新。而支持强关系理论的学者则认为，强网络关系促进了隐性知识的转移，有利于开发型创新，降低交易成本和企业机会主义行为（Saxenian and Hsu，2001）。因此，强网络关系可以帮助企业获取市场和创新方面的资源，有利于与产业相关的技术在网络企业之间进行转移，降低企业创新风险，对企业的技术创新有促进作用。Saxenian 和 Hsu（2001）在研究中发现强网络关系有助于企业间进行深度的互动，企业间的强网络关系有利于企业之间进行产业相关技术的转移，企业间紧密而且频繁的互动不仅可以使技术接受方获取所需要的技术，而且还会对企业生产管理方式和技术创新能力产生有益的影响。而企业间较高水平的信任、信息共享及共同解决问题的能力可以为集群带来较低的成本、较高的科技产出及优良的集群环境（Huang and Lin，2002）。Chen 等（2000）发现，网络关系的改善可减少集群企业间因信任度低导致的信息共享不充分而带来的长鞭效应。谢洪明等（2012a）认为网络关系强度是集群企业间建立技术合作和信息共享的重要因素，同时也可以降低信息传递的风险及成本，进而为企业创新和发展产生促进作用。因此，我们做出以下假设：

H_2：网络关系对大型复杂产品制造业集群绩效显著正相关。

对于网络结构的研究，社会学家 James Coleman 认为密度高的网络会形成较多的企业间联系，网络内信息和资源将更快速地流动，高密度的网络更容易发展出相互信任关系、共享准则，以及共同的行为模式。而从拓扑学角度理解，高密度网络缩短了信息传递的平均路径，加快了信息流动，有利于创新知识和成果的迅速传播。蔡铂和聂鸣（2003）认为，集群中企业与企业、政府、中介机构之间紧密的多元联系将使其获得其他网络参与者更多的支持并将有更多的合作行为，非正式信息交易将更加普遍。李凯和李世杰（2004）认为，产业关联度高、经济技术联系紧密的集群，企业间的横向联系和知识交流更多，主体要素间的关系更密切。由此，我们提出以下假设：

H_3：网络结构对网络关系显著正相关。

在激烈的竞争环境中，企业与其主要供应商、客户和同行保持良好的合作关系非常重要，因为这有助于企业减少交易成本和预期利益的不确定性。强联系使企业相互了解，所知信息相差无几，通过社会关系可以减少交易成本，改善集群的网络结构水平（陈伟等，2012）。当集群企业间关系越紧密时，则越愿意彼此分享信息，甚至越愿意通过简化交易程序、延长合作期限来提高交易效率及提高资源利用率，进而提高集群整体绩效。Maloni 和 Benton（2000）指出，集群企业间的相互信任和合作关系会影响到信息交流的能力，从而影响集群网络结构的水平和质量。但与上述研究的结果不同，有些实证研究表明网络结构特征（包括网络规模）与网络关系之间没有显著正相关关系。周立新（2010）发现无论在企业人际关系网络中还是在经济网络中，网络关系持久度与网络中心度的高低无关。Reese 和 Aldrich（1993）的研究发现企业家网络的规模与企业相互信任之间没有关系。基于以上分析，我们做出以下假设：

H_4：网络关系对网络结构显著正相关。

根据以上四个假设构建网络结构与集群绩效的概念模型，如图 4-2 所示。

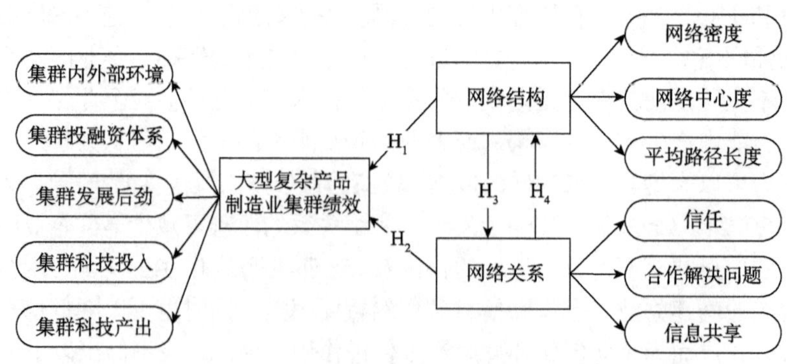

图 4-2 网络结构与集群绩效的概念模型

4.3　模型验证方法与程序

4.3.1　验证方法选择

结构方程模型（structural equation modeling，SEM）是用来检验关于观测变量和潜变量之间假设关系的一种多重变量统计分析方法，即以所收集的数据来检验基于理论所建立的假设模型（陈晓萍等，2008）。20 世纪 80 年代以来，结构方程模型迅速发展，成为多元统计数据分析的重要工具，广泛运用于心理学、经济学、社会学等领域的研究中，是计量经济学、计量社会学与计量心理学的综合（梁一鸣等，2010）。需要明确指出的是，结构方程模型是一种验证性的多元统计技术，主要用于验证一个或多个自变量与一个或多个因变量之间的相互关系，其主要功能是对一些解释可观测变量与潜在变量关系的研究模型做出评价，不但能研究可观测变量，还可研究不能直接观测的潜在变量；既可研究变量间的直接作用，又可研究变量间的间接作用。

简单来说，结构方程模型具有以下优点：第一，在以往管理、社会、教育、心理学的研究中有许多变量都是不可直接测量的，一般称为构念，即潜变量。一般的做法是以观测变量来间接量度潜变量，因为传统的方法不能准确处理这些变量，而结构方程则可同时分析潜变量及观测变量之间的关系。第二，可以剔除随机测量的误差，即准确估计出测量误差的大小和其他参数值，从而大大提高整体测量的准确度。第三，结构方程可同时计算多个因变量之间的关系。第四，可采用比传统方法更有弹性的测量模型，如某一指标变量或项目从属于两个潜变量。

本书对集群绩效与集群网络结构的研究都涉及主观性的难以测量的指标变量，存在主观性强、难以直接测量、测量误差大及因果关系比较复杂等特点。而本书的研究模型所涉及的变量之间的关系和结构较为复杂，并且对模型的整体性要求较高，这就需要用一种更加关注变量之间关系的方法来进行统计分析，而这正是结构方程模型的优势。结构方程模型可以解决传统方法中存在的局限性，是一种分析集群网络的理想工具。本书采用了 SPSS 和 AMOS 两种软件，对于研究模型中各要素的特征主要运用 SPSS 19.0 进行，而对于整个研究模型的结构和内部关系以及模型的修正则采用了结构方程模型软件 AMOS 17.0 进行分析。由于 AMOS 在进行多变量因果关系研究中具有显著优势，其被学术界认为是最专业的结构方程模型分析工具之一，权威性非常高。

4.3.2 结构方程模型基本原理

结构方程模型整合了因子分析、路径分析和多重线性回归的思想，包括两大类，即测量模型和结构模型（程奎，2011）。测量模型描述观测变量与潜变量之间的关系；结构模型则反映潜变量之间的关系。基于理论所建立的假设模型就反映在结构模型部分。在模型设定上，我们可以采用路径图和矩阵方程两种方式来设定测量模型与结构模型中所涉及的各种关系。模型中各变量之间的关系可表示为式（4-1）~式（4-3）。

1. 测量模型

观测变量和潜变量之间的关系可表示为

$$\boldsymbol{x}=\boldsymbol{\Lambda}_x\boldsymbol{\xi}+\boldsymbol{\delta} \tag{4-1}$$

$$\boldsymbol{y}=\boldsymbol{\Lambda}_y\boldsymbol{\eta}+\boldsymbol{\varepsilon} \tag{4-2}$$

式（4-1）与式（4-2）分别规定了外源潜变量 ξ 和外源观测变量 $\boldsymbol{x}$ 之间的关系，以及内源潜变量 $\boldsymbol{\eta}$ 和内源观测变量 $\boldsymbol{y}$ 之间的关系。其中，$\boldsymbol{x}$ 为 $q\times1$ 的外生指标矩阵；$\boldsymbol{y}$ 为 $p\times1$ 的内生指标矩阵；$\boldsymbol{\Lambda}_x$ 为外生指标 $\boldsymbol{x}$ 与外生潜变量 $\boldsymbol{\xi}$ 之间的关系，是 $q\times n$ 的外生指标 $\boldsymbol{x}$ 在外生潜变量 $\boldsymbol{\xi}$ 上的因子载荷矩阵；$\boldsymbol{\Lambda}_y$ 为 $p\times m$ 的内生指标 $\boldsymbol{y}$ 在内生潜变量 $\boldsymbol{\eta}$ 上的因子载荷矩阵；$\boldsymbol{\delta}$ 与 $\boldsymbol{\varepsilon}$ 为随机误差项矩阵。

简而言之，测量模型是采用观测变量来构建潜变量。潜变量和观测变量之间的关系构成了整个概念模型的内涵，模型的检验过程实际上就是验证性因子分析过程。采用一个简单的路径图，以 x 相关的方程式为例说明此模型，如图 4-3 所示。

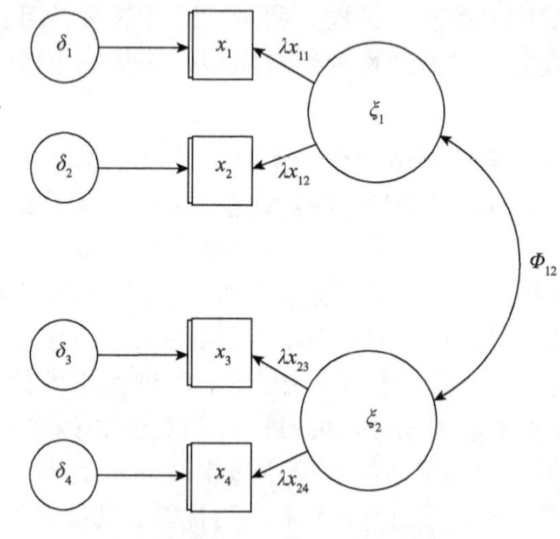

图 4-3 测量模型示意图

如图 4-3 所示，在该模型中，潜变量 x 并没有直接反映在路径图中，但是该变量的概念建构是通过其下属维度以及维度之间的关系得以实现的。ξ_1 和 ξ_2 是其下属的两个主要维度，由于从属同一个潜变量，这两个维度本身也是潜变量。这两个维度之间设定了相关关系 Φ_{12}。λx_{11} 和 λx_{12}、λx_{23} 和 λx_{24} 反映了潜变量对观测变量的负载，其数值大小意味着潜变量所能被对应的观测变量解释的程度。δ_1、δ_2、δ_3 和 δ_4 分别是四个观测变量的残差项。

2. 结构模型

对于潜变量之间的关系，可以写成以下的方程式：

$$\boldsymbol{\eta} = \boldsymbol{\beta\eta} + \boldsymbol{\Gamma\xi} + \boldsymbol{\zeta} \tag{4-3}$$

式中，$\boldsymbol{\eta}$为 $m\times1$ 的内生潜变量向量；$\boldsymbol{\xi}$为 $n\times1$ 的外生潜变量向量；$\boldsymbol{\beta}$ 为 $m\times n$ 的内生潜变量$\boldsymbol{\eta}$的影响系数矩阵，反映内生变量之间的关系；$\boldsymbol{\Gamma}$ 为 $m\times n$ 的外生变量$\boldsymbol{\xi}$的影响系数矩阵，反映外生变量对内生变量的影响；$\boldsymbol{\zeta}$为 $m\times1$ 的随机误差项矩阵。

结构模型主要用于处理潜变量之间的线性关系，因为结构模型涉及潜变量，所以结构模型中同样对潜变量进行了测量。因此，结构模型实际上包括了测量关系和结构关系（林嵩，2008）。下面我们用路径图对结构模型予以说明，如图 4-4 所示。

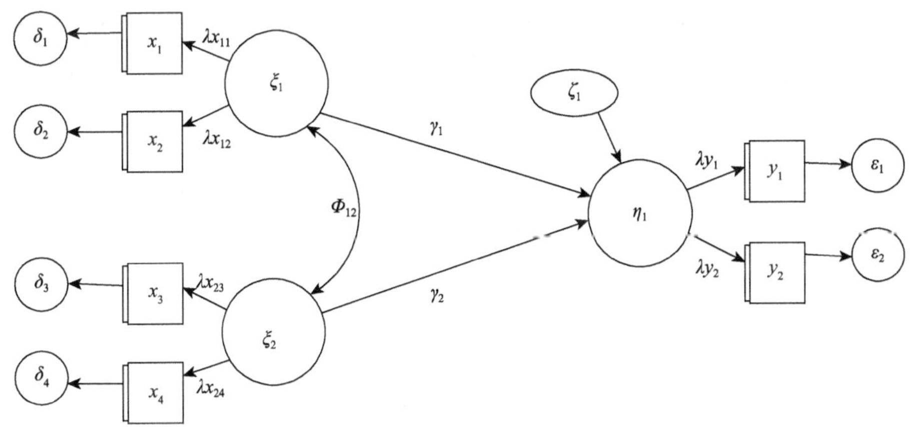

图 4-4　结构模型示意图

在图 4-4 中，ξ_1 和 ξ_2 及其所对应的观测变量属于观测模型部分；η_1 是内生潜变量；y_1 和 y_2 是内生潜变量的观测变量，因此它们是内生观测变量。λy_1 和 λy_2 反映了内生潜变量对内生观测变量的负载。γ_1 和 γ_2 是外生潜变量对内生潜变量的结构系数，反映了外生潜变量和内生潜变量之间的结构关系，其大小表明一个单位的外生潜变量会引起多少个单位的内生潜变量的变化。

结构方程模型在本书中的应用主要是对本章提出的理论模型和研究假设的合理性进行验证，其验证分析过程大致包括以下几个步骤。

（1）设定初始模型。即根据以往文献和集群实际来设定初始理论模型，明确研究中哪些变量是观测变量，哪些是潜在变量，以及彼此间的因果关系，设定的变量个数要考虑到实际可操作性，也就是初步拟定结构方程模型，同时对模型中需要固定的系数进行设置。

（2）构建路径图。即通过路径图对变量间的因果关系予以描述，结构方程模型的分析结果也标在路径图上，从而可以直观看出潜变量之间的因果关系和影响大小，以及观测变量对潜变量的影响程度的大小。

（3）模型识别及估计。模型识别是要确定假设模型是否能够对待估参数求解。估计过程力求尽量缩小样本的方差协方差值与模型估计的方差协方差值间的差异，以观测方差协方差与预测方差协方差间的差别作为残差，可以采用最大似然法和广义最小二乘法等方法进行。

（4）拟合检验。根据不同目的选用不同的拟合指标加以检验，一般要对整体模型、测量模型和结构模型分别进行拟合精度的评价。其中，整体模型最常用的是卡方检验；测量模型的评价主要是评估观测变量对潜在变量测量的可靠性和有效程度；结构模型主要是对模型估计得到的路径系数进行显著性检验。

（5）模型修正。如果证实所假设的模型合适，就可以得出结论：假设成立。如果模型拟合程度不够，就需要对模型进行修正，寻找可替代的更优模型。重新设定模型既是出于数据的驱使，也是出于理论的驱使。模型拟合程度的改进不能单纯追求统计上的考虑，而应该尽量使模型具有实际根据。最终的目标是探索一个不仅在统计上能很好地拟合数据，而且每一个参数都能得到符合实际的解释的理论模型。

第 5 章　集群网络结构与集群绩效关系的实证研究

根据研究目的和检验假设的需要，本章运用 SPSS 19.0 和 AMOS 17.0 分析软件对调查数据进行分析，采用的分析方法如下。

（1）描述性统计分析，主要是计算各题项的平均数和标准差，以了解集群在这些题项上的一般水平。

（2）运用 SPSS 信度与效度检验的方法，对量表各部分进行一致性分析，以系数来衡量各题项的一致性，以检验各变量的信度。

而当量表的结构已确定，需要检验假定的数据结构是否合理时，探索性因子分析是比较适合的测量效度方法。

5.1　量表描述性统计分析

5.1.1　问卷设计和发放

本书的目的是探讨集群网络结构与大型复杂产品制造业集群绩效之间的关系。在查阅以往文献资料和结合以往相关经验的基础上，本书进行了基本题项的设定，形成了调查问卷的初稿。为了检测问卷结构的合理性以及题项的可理解性，在正式发放问卷之前，我们选择 15 个集群企业的高级管理者进行了小范围的预调研。在预调研中，我们发现调查对象可以在半个小时内完成问卷的阅读和填写，这个时间是可行的。根据反馈的结果，向业内人士、专家等征求修改意见，修改和完善了问卷中口语化不强和难以理解的问题，形成了正式调查问卷。正式调查问卷包括以下四个部分：第一，问卷说明，包括本次调查的目的和用途，以及基本名词解释，有助于帮助受访者对问卷形成基本认知；第二，受访者的基本信息，有助于确认样本的范围，并获取样本的描述性特征；第三，问卷正式内容，包括32个问卷题项。正式问卷贯彻了“问题导向”的研究设计思路，并且紧密围绕集群绩效关键要素和集群网络结构指标展开，采用了国际上惯用的结构化表现形式。对题项采用李克特（Likert）五级计分法，数字1~5代表的含义如下：1代表“极不同意”、2代表“较不同意”、3代表“一般”、4代表“比较同意”、5代表“完全同意”。随着数字的增大，与题项所表述情况相符程度逐渐提升。调查问卷详见附录2。

为了保证问卷质量，在选择问卷对象时主要考虑了以下因素。

（1）为了保证问卷结果的全面度，在选择调查企业时，需要尽量涵盖到集群供应链内上中下游的相关企业，且企业发展较成熟。

（2）受访者在现在工作的企业中尽量具有五年以上的工作经历，因为问卷调查所涉及的部分问题针对的是集群内企业间的网络结构，为避免工作年限较小的受访者对问题理解的偏差，限定了它的取值范围。

（3）受访者尽量为对企业比较熟悉的管理者，因为他们对所在企业和企业与上下游企业的关系情况比较了解，而关于企业绩效的信息通常也由他们了解和掌握。

文献研究认为，只有大样本才能保证结构模型具有良好的拟合优度，并能够增加模型的可靠性。因此，为了保证研究结果的可靠性，样本规模确定为100以上。问卷发放主要通过与课题组有长期合作关系的企业，采用直接访谈和邮寄等方式，历时2个月（2013年6~7月）。

附录2中的问卷与大型复杂产品制造业集群绩效关键影响因素调查问卷（附录1）同时进行，问卷发放与回收情况相同，详见2.2节。

5.1.2 描述性统计分析

描述性统计分析主要是运用均值、标准差、偏度、峰度等一般性统计方法，对集群网络结构和集群绩效进行描述性分析，以了解集群的相关情况。为了检验使用结构方程模型的合理性，首先需要分析所回收的样本数据是否服从正态分布，可以通过检验样本数据偏度值和峰度值进行判断（Cheung and Rensvold，2001）。如果样本数据的检验结果都满足偏度在0与±3之间，而峰度在0与±5之间，就说明样本数据服从正态分布。本书样本数据的分析结果如表5-1~表5-3所示，其中，S1~S12、R1~R10和J1~J21代表问卷中的43个题项，问卷具体内容见附录2。

表5-1 网络结构指标变量描述性统计分析

题项代码	S1	S2	S3	S4	S5	S6
均值	3.78	3.98	3.29	3.47	3.67	3.16
标准差	0.854	0.757	0.712	0.716	0.695	0.764
偏度	−0.298	−0.235	0.288	0.170	−0.182	0.386
峰度	−0.442	−0.499	0.542	−0.069	0.327	0.257

续表

题项代码	S7	S8	S9	S10	S11	S12
均值	3.64	3.22	3.22	3.95	3.80	3.56
标准差	0.729	0.762	0.658	0.524	0.650	0.631
偏度	0.293	0.386	0.148	−0.075	0.219	0.268
峰度	−0.491	0.083	0.311	0.332	−0.428	−0.480

表 5-2　网络关系指标变量描述性统计分析

题项代码	R1	R2	R3	R4	R5
均值	3.93	3.96	4.09	3.91	3.64
标准差	0.663	0.607	0.752	0.727	0.704
偏度	−0.317	0.015	−0.223	−0.159	−0.011
峰度	0.460	−0.155	−0.271	−0.328	−0.171
题项代码	R6	R7	R8	R9	R10
均值	3.76	4.11	3.55	3.71	3.60
标准差	0.744	0.712	0.662	0.712	0.735
偏度	0.137	−0.281	0.026	0.172	−0.070
峰度	−0.342	0.213	−0.142	−0.473	−0.183

表 5-3　集群绩效影响因素变量描述性统计分析

代码	J1	J2	J3	J4	J5	J6	J7
均值	3.77	3.70	3.00	3.79	3.75	3.21	3.26
标准差	0.824	0.668	0.620	0.743	0.757	0.769	0.738
偏度	−0.194	0.233	0.103	−0.226	−0.381	0.150	0.129
峰度	−0.457	−0.417	0.488	−0.094	0.097	−0.327	−0.183
代码	J8	J9	J10	J11	J12	J13	J14
均值	3.68	3.49	3.72	2.91	3.15	3.94	3.64
标准差	0.701	0.750	0.769	0.687	0.794	0.633	0.787
偏度	0.193	−0.251	−0.250	0.123	0.198	0.043	0.249
峰度	−0.414	−0.240	−0.130	−0.411	0.462	−0.394	−0.590
代码	J15	J16	J17	J18	J19	J20	J21
均值	3.42	3.42	3.30	3.55	3.55	3.43	3.28
标准差	0.842	0.663	0.696	0.822	0.722	0.797	0.769
偏度	0.077	−0.292	−0.134	−0.181	−0.266	−0.287	−0.014
峰度	−0.498	−0.294	−0.370	0.408	0.203	0.337	−0.452

注：由于集群绩效影响因素中第六个指标只有一个测量指标，且分析中影响指标需在两个以上，故本章只做前五个影响因素的分析

由表 5-1~表 5-3 可见，所有的样本数据均满足偏度和峰度的要求，说明本书的样本数据都符合正态分布的要求。

5.2 信度分析

采用 SPSS 19.0 对样本数据进行信度分析，结果如表 5-4 所示。分析表明，网络结构问卷的 α 系数为 0.894，集群绩效问卷的 α 系数为 0.896，且各项 α 系数均大于 0.5，属于可信的范围，说明问卷的可靠性较高，各量表都具有良好的信度，因此可以使用这些数据进行进一步的研究分析。

表 5-4 信度检验

研究构面	测量指标	α 信度系数	α 信度系数总体
网络结构	网络密度	0.760	0.894
	网络中心性	0.641	
	网络强度	0.533	
网络关系	信任	0.817	
	合作解决问题	0.720	
	信息共享	0.750	
集群绩效	集群内外部环境	0.745	0.896
	集群投融资体系	0.606	
	集群发展后劲	0.516	
	集群科技产出	0.710	
	集群科技创新	0.708	

5.3 效度分析

5.3.1 内容效度

内容效度是指通过验证问卷内容的理论架构基础，来衡量研究所提出的命题。本书问卷的内容效度主要体现在以下几个方面：①为确保指标能被准确地测量，问卷从不同角度对同一指标进行了考察；②问卷对象多为企业的中高层管理者，能保证对问卷内容的理解与判断；③由于所使用问卷项目多来自以往文献，很多学者都曾使用这些量表测量相关变量，因此问卷具有良好的内容效度。但考虑到大型复杂产品制造业集群的特殊性，本书仍以因子分析来验证各量表的结构效度。

5.3.2　结构效度

利用 SPSS 19.0 对网络结构、网络关系及集群绩效进行 KMO 和 Bartlett 球体检验，KMO 样本测度值分别为 0.746、0.773、0.721，这说明数据很适合做因子分析。同时 Bartlett 球体检验均为 0.000，说明数据相关阵不是单位阵，具有相关性，也说明统计数据是适合做因子分析的。

运用因子分析法进行因素分析后得到因子载荷矩阵，从分析结果中可以看出网络结构量表、网络关系量表的因子分析结果识别与问卷变量分类基本一致，说明本书的量表在理论逻辑上都具有较强的合理性，分别见表 5-5 和表 5-6；而集群绩效第 5 项指标（J5）、第 8 项指标（J8）与第 14 项指标（J14）的标准因子载荷值小于 0.5，故删除，删除后的效度检验如表 5-7 所示。

表 5-5　网络结构因子载荷矩阵

指标	公因子		
	1	2	3
S1	0.050	0.228	0.881
S2	0.420	0.296	0.622
S3	0.106	0.164	0.698
S4	0.079	0.179	0.731
S5	0.328	0.129	0.674
S6	−0.210	0.496	0.639
S7	−0.085	0.607	0.423
S8	0.519	0.524	0.136
S9	0.037	0.843	0.169
S10	0.667	0.105	0.131
S11	0.766	0.147	0.121
S12	0.582	0.265	0.219
方差贡献率/%	27.419	16.797	13.787
累计方差贡献率/%	27.419	44.216	58.004

表 5-6 网络关系因子载荷矩阵

指标	公因子		
	1	2	3
R1	0.618	0.246	0.379
R2	0.785	0.062	0.420
R3	0.811	0.111	0.308
R4	−0.119	0.377	0.751
R5	−0.120	0.342	0.714
R6	0.372	0.044	0.667
R7	−0.023	0.826	0.216
R8	0.284	0.715	0.241
R9	0.287	0.718	0.101
R10	0.141	0.834	0.292
方差贡献率/%	30.515	25.746	12.555
累计方差贡献率/%	30.515	56.261	68.816

表 5-7 集群绩效因子载荷矩阵

指标	公因子				
	1	2	3	4	5
J1	0.652	0.431	−0.118	0.012	−0.020
J2	0.636	0.317	0.050	0.410	−0.058
J3	0.731	0.087	0.083	0.060	0.011
J4	0.804	0.225	0.207	−0.059	0.014
J6	0.587	0.356	0.183	0.350	0.045
J7	0.553	0.100	0.001	0.353	0.364
J9	0.595	0.354	0.078	0.124	−0.084
J10	0.873	−0.115	0.165	0.013	0.246
J11	0.617	−0.135	0.264	0.429	−0.110
J12	0.082	0.155	0.256	0.685	0.205
J13	0.487	−0.357	0.294	0.551	−0.036
J15	0.142	0.023	0.165	0.827	0.070
J16	0.016	0.144	0.164	0.080	0.838
J17	0.389	0.243	0.264	0.249	0.514
J18	0.442	0.171	0.667	0.091	−0.068
J19	0.176	0.157	0.800	0.073	−0.098
J20	0.411	0.598	0.259	0.129	0.180
J21	0.155	0.504	0.463	0.411	0.208
方差贡献率/%	17.050	16.444	12.919	11.117	7.848
累计方差贡献率/%	17.050	33.494	46.413	57.529	65.377

通过对问卷的信度和效度的分析可知本书所设计的问卷具有较高的信度和效度，可以满足调查和实证分析的要求。

5.4 模型分析

5.4.1 模型设定

根据结构方程要求，依据第 4 章所提出的概念模型，构建如图 5-1 所示的结构方程模型，拟通过测量内生潜变量与外生潜变量之间的关系，来验证本书所提出的 4 个研究假设。

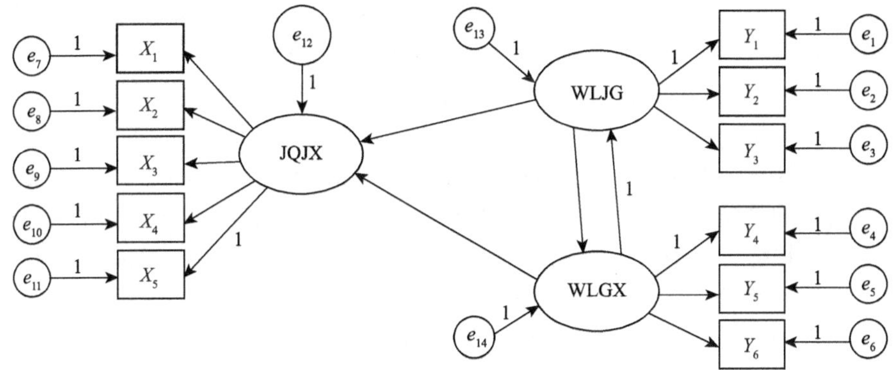

图 5-1　结构方程模型原始路径图

网络结构（WLJG）通过 3 个维度指标综合反映，包括网络密度（Y_1）、网络中心性（Y_2）和网络强度（Y_3）；测量网络关系（WLGX）的指标包括信任（Y_4）、合作解决问题（Y_5）和信息共享（Y_6）；而影响集群绩效（JQJX）的因素包括集群内外部环境（X_1）、集群投融资体系（X_2）、集群发展后劲（X_3）、集群科技产出（X_4）和集群科技创新（X_5）。其中，网络结构与网络关系为外生潜变量，集群绩效为内生潜变量。

5.4.2 模型评价

本书的主要目的是探讨网络结构对大型复杂产品制造业集群绩效的影响。在对网络结构量表和集群绩效量表进行信度、效度检验后，采用结构方程模型的分析软件 AMOS 17.0 对研究假设及模型进行验证分析，运行结果如图 5-2 所示。

结构方程模型评价的核心是模型的拟合性，即研究者所提出的变量之间的假设关系是否与数据拟合以及拟合程度大小。模型对观测数据拟合良好，表明估计

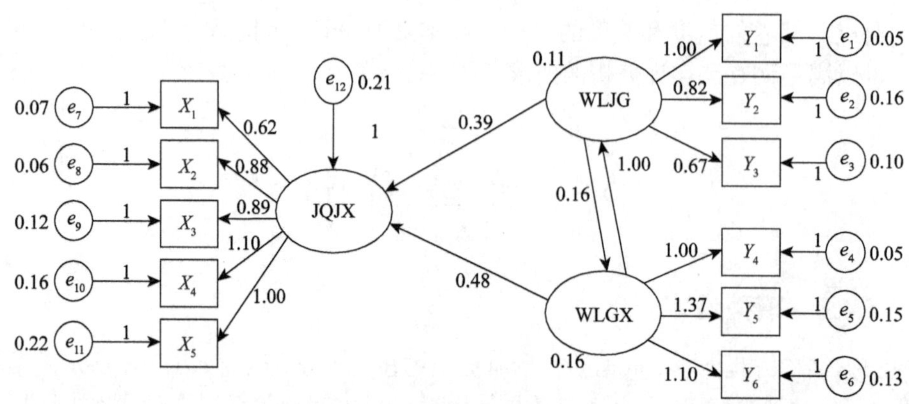

图 5-2 运行结果图

的参数是有效的。为了验证模型的合理性与有效性，相关文献提出了许多种可供拟合指数评价和选择模型的指标。其中，被研究者较常使用的指标及判定标准如下：拟合优度的卡方检验 χ^2/df，一般认为小于 3 为好；RMR（root of the mean square residual，即均方根残差）、SRMR（standardized root mean square residual，即标准化残差均方根）、RMSEA（root mean square error of approximation，即近似误差均方根）反映的是残差的大小，一般认为低于 0.08 为好；GFI（goodness fit index，即拟合优度指数）、NFI（normed fit index，即规范拟合指数）、CFI（comparative fit index，即比较拟合指数）和 IFI（incremental fit index，即增量拟合指数）等的变化范围在 0~1，这些指数大于 0.90 表明拟合度较好。模型拟合结果如表 5-8 所示。

表 5-8 模型拟合结果

拟合指数	绝对拟合指数				相对拟合指数			赤池信息量准则
	χ^2/df	GFI	RMR	RMSEA	NFI	IFI	CFI	AIC
评价标准	越小越好	>0.90	<0.08	<0.08	>0.90	>0.90	>0.90	越小越好
结果	4.11	0.828	0.02	0.153	0.807	0.841	0.838	248.368

可以看出，测量模型的各拟合优度指数多数在评价标准指标上下，因此，总体看来模型的拟合程度符合要求，但与理想数值仍有差距。因此，下文进一步对模型参数进行分析。

通过 AMOS 17.0 计算出的模型参数估计结果如表 5-9 所示。外生潜变量网络结构（WLJG）对网络关系（WLGX）的回归系数显著性 p 值大于 0.05，且 t 值小于 1.96，因此路径删除。此外，模型中其他变量间的路径系数和潜变量与测量指标间的回归系数的统计显著性结果 p 值都小于 0.05，且相应 t 值均大于 1.96，标准误差均为正，因此模型中除 WLJG→WLGX 外，其他的参数间估计都具有较高的显著性水平。

表 5-9　模型方程系数和显著性检验

因变量	作用方向	自变量	标准化路径系数	S.E.	C.R.	p
JQJX	←	WLJG	0.361	0.151	2.581	0.010*
JQJX	←	WLGX	0.562	0.266	3.346	0.029*
WLJG	←	WLGX	0.775			
WLGX	←	WLJG	0.106	0.311	0.512	0.608
X_5	←	JQJX	0.714			
X_4	←	JQJX	0.795	0.116	9.524	0.000
X_3	←	JQJX	0.776	0.095	9.314	0.000
X_2	←	JQJX	0.864	0.086	10.238	0.000
X_1	←	JQJX	0.739	0.070	8.881	0.000
Y_1	←	WLJG	0.890			
Y_2	←	WLJG	0.672	0.095	8.566	0.000
Y_3	←	WLJG	0.697	0.076	8.889	0.000
Y_4	←	WLGX	0.833			
Y_5	←	WLGX	0.773	0.141	9.732	0.000
Y_6	←	WLGX	0.731	0.119	9.256	0.000

*表示$p<0.05$

注：C.R.值即 t 值

5.4.3　模型修正

表 5-9 显示，WLJG→WLGX 这个路径系数均未通过显著性检验，修正过程是删除路径，重新检验模型。删除路径前，要先从现实意义进行考虑，看是否有足够的理由支持路径的删除。本书采用网络密度、网络中心性和网络强度作为网络结构的测量指标，包括网络内实际存在的联系数量、企业个体所拥有的社会联结数量和企业间合作的紧密程度。这些指标都是集群内部实际存在的硬性指标。对于由政府主导成立的大型复杂产品制造业集群来说，网络结构在很大程度上是政府引导形成的，而非完全自发形成的，因此对于以信任、信息共享和合作解决问题的网络关系而言，可以说正向的影响不是那么明显。因此，理论上支持删除路径。

在 AMOS 17.0 中运用极大似然估计运行的部分结果如表 5-10 所示。

表 5-10　修正模型拟合结果

拟合指数	绝对拟合指数				相对拟合指数			赤池信息量准则
	χ^2/df	GFI	RMR	RMSEA	NFI	IFI	CFI	AIC
结果	2.74	0.904	0.022	0.103	0.901	0.935	0.934	159.456

从表 5-10 中可以看出，卡方值减小了很多，并且各拟合指数都得到了较大的改善。该模型的各个参数在 0.05 的水平下都仍然是显著的，各方程对应的标准化路径系数都增大了。修正后的模型标准化路径分析结果如图 5-3 所示。

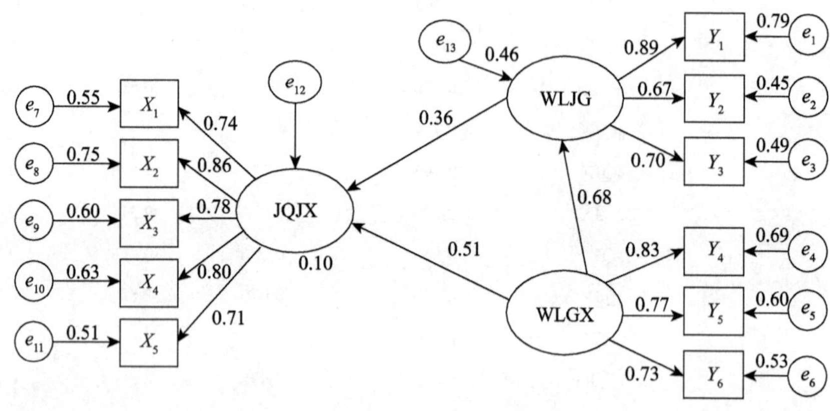

图 5-3 最终修正模型

从该模型中可知，集群绩效与网络结构、网络关系之间都存在着较为显著的正相关关系，而网络关系对网络结构也有正向影响，但是网络结构对网络关系的提升却没有直接正向影响。具体分析结果如表 5-11 所示。

表 5-11 最终修正模型路径系数

因变量	作用方向	自变量	标准化路径系数	S.E.	C.R.	p
WLJG	←	WLGX	0.677	0.111	9.343	0.000
JQJX	←	WLJG	0.361	0.135	2.276	0.023*
JQJX	←	WLGX	0.512	0.191	4.264	0.012*
X_5	←	JQJX	0.714			
X_4	←	JQJX	0.795	0.139	9.000	0.000
X_3	←	JQJX	0.776	0.112	8.407	0.000
X_2	←	JQJX	0.864	0.105	9.407	0.000
X_1	←	JQJX	0.739	0.064	10.565	0.000
Y_1	←	WLJG	0.890			
Y_2	←	WLJG	0.672	0.076	9.939	0.000
Y_3	←	WLJG	0.697	0.060	10.869	0.000
Y_4	←	WLGX	0.833			
Y_5	←	WLGX	0.773	0.133	10.464	0.000
Y_6	←	WLGX	0.731	0.112	9.604	0.000

*表示p<0.05

注：C.R.值即 t 值

从表 5-11 中可以看出，首先，各变量的因子载荷系数在 0.01 水平上具有统计显著性，即各变量的测量指标的载荷系数都是有效的，这更能充分说明 5.2 节和 5.3 节中的信度分析和效度检验的正确性。其次，可以看出网络结构、网络关系对集群绩效具有统计上显著的相关性，且显著性水平小于 0.05。这就验证了前述的假设 H_1、H_2：网络结构、网络关系对大型复杂产品制造业集群绩效显著正相关。其中，网络结构对其影响的路径系数为 0.36，小于网络关系对其影响的路径系数，即 0.51。最后，由于网络结构对网络关系的 p 值检验没有通过，且路径系数很小，因此该路径予以删除，网络结构对网络关系的影响不显著。而网络关系对网络结构有显著正向影响，路径系数为 0.68。假设 H_3 否决，假设 H_4 成立。

5.5　实证结果分析

验证情况如表 5-12 所示。

表 5-12　假设检验结果

假设	检验情况
H_1：网络结构对大型复杂产品制造业集群绩效显著正相关	成立
H_2：网络关系对大型复杂产品制造业集群绩效显著正相关	成立
H_3：网络结构对网络关系显著正相关	不成立
H_4：网络关系对网络结构显著正相关	成立

从以上检验结果可知，此结构模型具有较好的合理性和稳定性。

（1）网络结构对集群绩效具有统计上显著的相关性，且显著性水平小于 0.05，假设 H_1 成立，即网络结构对大型复杂产品制造业集群绩效有正向影响。经济全球化和知识经济的发展使企业生存模式和发展方向发生了巨大变化，企业独立成长、独立发展的模式已被集群式企业所取代，集群可以带给企业更完善的环境、更丰富的资源及更低廉的成本。与此同时，集群内企业的行为越来越具有嵌入性，对集群绩效的主要影响从“硬件”变为“软件”，集群企业间的社会网络已成为影响集群绩效提升的重要因素。集群内企业间利用各种关系网络，通过更多的合作来获取资源，成为集群持续创新与发展的关键。

（2）网络关系对集群绩效具有统计上显著的相关性，且显著性水平小于 0.05，假设 H_2 成立，即网络关系对大型复杂产品制造业集群绩效有正向影响。假设 H_2 的成立说明了网络关系对大型复杂产品制造业集群绩效提升的重要作用，企业间的关系越紧密、合作越固定，对集群而言是提升绩效、提高集群影响力和竞争力的有效方法。对大型复杂产品制造业集群来说，相互信任的企业关系提高了企业间进行互动的意愿，也提高了核心制造企业与合作方之间进行知识交流与共享的可能性，形成更多的业务往来，并能大大提高企业技术创新的速度、科技产出的能力，以及缩短技术认知差距。

（3）由于网络结构对网络关系的 p 值检验没有通过，且路径系数很小，因此路径予以删除，网络结构对网络关系的影响不显著，即假设 H_3 不成立。这说明企业间合作的次数、集群中作为节点的企业数量和企业在集群中地位的高低等反映集群网络结构的因素，并不能很显著地促进企业间的相互信任度，无法有效地促进集群信息共享，且对企业间共同解决问题的能力的提升起不到积极的作用。

我国大型复杂产品制造业集群多是政府规划成立的产业集群，可以说最初是以政府政策为关键因素建立的集群，集群网络结构良好，且具有组织化、规范化的特点，产业集群中各企业分工明确、产业关联度高，这些特点都能够通过集群的建立而形成。但是一方面信任、信息共享和合作解决问题等体现集群中良好网络关系的因素多是由于企业间长期的沟通、自发的联系、成功的合作而逐渐形成的，这需要长期的经验积累与接触磨合。经过几十年的发展与政府的引导，网络结构已基本成熟，但其对集群网络关系的影响却鲜有促进。另一方面，在集群的发展过程中，集群企业间过于重视自身的发展、忽视供应链企业利益机制的建立，导致企业利益分配机制不够健全，集群内部投机现象仍然存在，这使企业间的信任缺失，共同解决问题的能力欠缺，因此集群在拥有健全成熟的网络结构的条件下仍然不能对企业间的信任、信息共享等行为产生明显的促进作用。

（4）网络关系对网络结构有显著正向影响，路径系数为 0.68，假设 H_4 成立，即网络关系对网络结构有正向影响。这说明我国大型复杂产品制造业集群目前的网络关系状况确实对网络结构水平的提高有促进作用，即通过信息共享、相互信任、合作解决问题，可以提升企业间相互联系的次数和频率、加强企业间合作、提升企业在集群中的地位。企业间网络关系的建立是以互利共赢为目标的，能够有效地促进集群网络结构的完善，推动企业间增多联系并增大联系的频率。

第 6 章　网络关系嵌入对集群供应链的影响

6.1　大型复杂产品制造业集群供应链

复杂产品系统（complex products and system，CoPS）的概念于 20 世纪 90 年代中期由英国萨塞克斯大学（University of Sussex）科技政策研究所（Science Policy Research Unit，SPRU）最先较为全面、系统地提出。Mike（1998）解释，复杂产品系统是指高成本的、技术密集的、工程密集的、顾客定制的产品、系统、网络和建筑，它是相对于低成本的、基于标准零部件的规模化生产的产品而言的。他将航空、航天和大型装备制造业等列为大型复杂产品系统。

随着机械、电子、光学、信息科学、材料科学、管理学等最新成就在大型复杂产品制造业中的应用，大型复杂产品制造业已不再是传统意义上的机械加工，而是新技术与新兴工业的综合体。同时，大型复杂产品制造业作为技术密集型产业，万元产值消耗的能源和资源在重工业中是最低的。在资源日趋紧张、环保要求日趋严格的情况下，发展大型复杂产品制造业不仅可以带动和促进我国产业结构的升级，而且对加强环境保护、提高资源利用、促进国民经济可持续发展具有重大的意义。

然而，世界经济发展的历史已经表明，大型复杂产品制造业的发展需要基于其供应链的产业集群的强力支持（夏德和程国平，2003）。集群供应链是产业集群和供应链之间的耦合，这种耦合关系在国内外很多地域的产业集群中客观存在，并且在推动产业升级以及提升集群核心竞争力上起到重要的作用。Porter（1998）通过研究发现，产业集群的演进与发展为供应链关系的构建提供了天然的和自然而然的平台。因为在产业集群中，不但有着同一产业中位于同一环节的多个核心企业，更重要的是也存在着与产业相关的上下游企业，并聚集于同一地域。Deloitte

Consulting（1999）在对美国和加拿大航空、装备制造和汽车等行业产业集群中200多家大型制造商调查时发现，集群企业间竞争是基于供应链的竞争。我国学者黎继子和蔡根女（2004）研究认为集群供应链是一种“源于企业，但不限于企业；依于集群，但不囿于集群”的组织。在这个组织中如果没有供应链特征，其集群内企业会因此产生同质化、无差异化产品的倾向，最终的结果是相互间的恶性竞争；如果只具有供应链特征而没有网络特点，该组织会因只有合作而无竞争沦为低效率的组织。郭岭（2004）以一般制造业集群为背景，根据产业内企业所处的供应链环节，将集群供应链划分为水平供应链、垂直供应链和混合供应链。

通过对现有研究文献的回顾可以发现，目前国内外对集群供应链的研究大多数都是以轻型加工业或IT产业的中小企业集群为背景展开的，在对我国尤其是江浙闽粤等地的分析中更是如此，将大型复杂产品制造业集群作为背景来研究其供应链系统较少。基于此，本书首先对大型复杂产品制造业集群供应链的组织特点进行分析，以此为基础构建大型复杂产品制造业集群供应链三维空间模型，分析其与大型复杂产品制造业集群发展之间的重要关系。

6.2 集群供应链三维空间模型

一般产业集群具有地理接近性和关系接近性的特点。集群中的企业一般是通过需求关系建立联系，企业之间在地理位置上十分接近，通过正式契约维系其合作关系。集群中由“地缘、人缘、血缘、亲缘”等传统文化积淀所形成的人文关系以及由此形成的合作关系占了相当大的比例，如我国江浙闽粤等地的中小企业集群。而基于大型复杂产品供应链的产业集群则对产业关联要求程度高。集群环境下大型复杂产品的研制和生产是由一系列供应链所组成的系统，其组织模式不仅仅是集群内一系列企业的简单组合，而是一个由许多节点构成的三维结构，其中网络是这个组织的显形结构轮廓，而有向链状是其隐形架构。由于大型复杂产品与传统大规模制造产品在创新过程、产品特征及生产特性等诸多方面存在很大的差异，集群环境下大型复杂产品制造供应链系统也有着与之不同的显著特征。

首先，大型复杂产品制造业集群供应链具有产业链的特点，即包含了某一产业或某一产业中某复杂产品从上游企业的原始投入到下游企业最终产出的产业链或产品链，表现为一种整体流向的方向性。这说明大型复杂产品制造业集群中单元企业对产业关联度要求很高，具体体现在技术的同源、工艺的衔接及技术的创新交叉等方面，这些无论在规模上还是在深度上都为一般制造业所不可比拟。紧密的产业关联是大型复杂产品制造业集群效率的推进器。

其次，一般制造业集群中的供应链主要是基于个体企业的纵向一体化供应链。在供应链上，起主导作用的往往是某单一核心企业，与之合作的多个上下游企业均处于从属地位。而大型复杂产品的产业链较长，在同一条价值链中可能存在多个核心企业，而核心企业往往都具备规模优势（李凯和李世杰，2004）。不仅如此，在每条供应链中企业不仅有内部之间的相互协作，还有不同链企业间的跨链协调（Beaudry and Breschi，2003；Pandit et al.，2001），与此同时还游离着大量位于集群之内、供应链之外的专业化配套中小企业，由此而产生了多层次、多维度、多功能、多目标的立体网络链（蔡宁和吴结兵，2006）。

最后，大型复杂产品的科技含量较高，是多学科、多产业、多部门共同协作的成果。因此，集群中的企业对 R&D 的依赖程度以及与高校、科研机构之间的 R&D 协同水平远远超过一般制造业集群中的企业。越来越多的大型复杂产品制造企业将构建配套的知识集成体系纳入其供应链的重点环节，如供应商参与新产品研发（new product development，NPD）现已逐渐成为一种普遍的供应链管理模式。

由此，本书从上述产业关联、组织运作和知识集成三个维度构建了大型复杂产品制造业集群供应链三维空间模型，如图 6-1 所示。

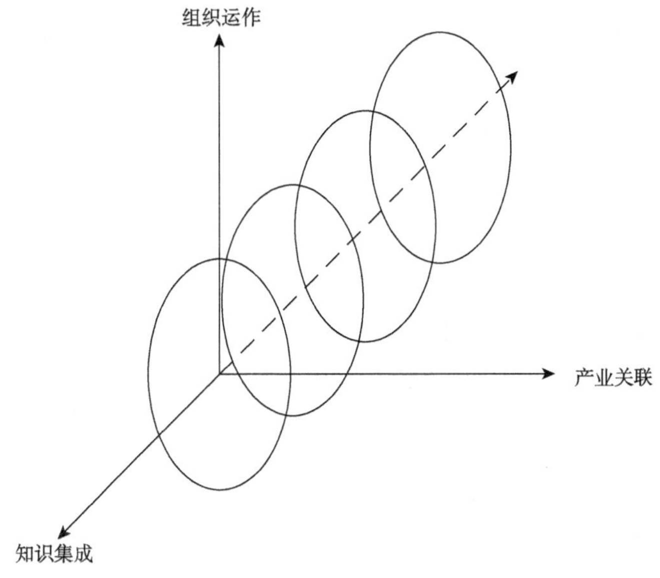

图 6-1　大型复杂产品制造业集群供应链三维空间模型

6.2.1　产业关联

由大型复杂产品的特点可知，大型复杂产品的竞争已不单纯是企业之间的竞争，更多地表现为产业链之间的竞争，而大型复杂产品制造业集群与产业链有着密切的内在联系。一方面，大型复杂产品制造业集群使专业化分工获得空前发展，并在专业化分工的基础上建立配套体系，围绕核心产业向上下游产业延伸，对上下游产业的带动以及对相关金融、中介机构的拉动将逐渐孕育出完整的产业链。另一方面，产业链通过上下游的产业关联，逐渐形成产品研发、生产制造和销售服务的完整链条，反过来也加速了产业集聚的进程，增强了产业抗风险的能力和产业集群整体的竞争力。这两方面的共同作用提高了大型复杂产品制造业集群的产业关联度，由此大大缩短了大型复杂产品研发和制造周期，不仅减少了决策成本，而且降低了生产成本和交易成本，提高了集群供应链系统的快速响应能力。与一般制造业集群相比，较高的产业关联度在缓和协作关系中固有问题的同时，又避免了增加纵向一体化的不灵活性以及管理上的复杂性。

现今，大型复杂产品制造业已经远远超出了“一个行业”的概念，它对区域经济发展的促进作用日益显著，集群内企业的角色和作用也远远超出了它们创造的财富和对经济的贡献。当大型复杂产品制造业集群产业关联度的提高所带来的公共基础设施的节约、灵活生产和技术创新等外部经济越来越明显时，政府充分意识到利用集群规律的意义和价值所在。

纵观欧美发达国家经济的发展，大型复杂产品制造业的竞争实质上就是规模的竞争和效率的竞争，而政府在推进大型复杂产品制造业集群产业关联性方面发挥着巨大的引导和协调作用。首先，政府介入有利于消除传统原子型产业结构自我发展不足的弊端。在完全竞争的市场条件下，大型复杂产品制造企业的竞争最终形成企业按照边际成本定价获得零利润的均衡，这种均衡的结果如果仅仅依靠系统的自我发展和积累是很难打破的。因此，通过政府的介入促进大型复杂产品制造产业的整合重组，以形成垄断竞争的市场格局，不仅扩大了企业的生产规模，而且提高了整个产业的竞争力。其次，政府的介入有利于缩短相关产业集中的速度。相关产业的集聚发展既是生产要素在不同部门配置的过程，也是市场对资源进行基础性配置的过程，但仅仅依靠市场的力量自发集中在短期内是不可能实现的，尤其对具有战略意义的大型复杂产品制造业而言更是如此。因此，政府的介入有助于加快相关产业的集聚速度，提高大型复杂产品制造业集群的产业关联性。一方面，政府应鼓励大型复杂产品制造企业或企业集团通过主辅分离、生产环节分解等，衍生出一批具有紧密分工与协作关系的关联企业，通过业务外包等途径促进分工与产业链的延伸，支持中小企业按照“专、精、深、特、新”，围绕所在供应链主动与大型复杂产品制造核心企业配套，实现产业向纵深发展，提高集群产业的关联性；另一方面，应充分利用本土资源优势，采取独立建厂、转包生产及合作研发等多种途径和方式，吸引国外大型复杂产品制造业跨国公司进入我国大型复杂产品制造业集群。通过国际合作不仅能使我国大型复杂产品制造企业主动融入全球供应链中，还能促进我国复杂产品制造业产业结构的调整和升级。

6.2.2　组织运作

尽管供应链作为一种逻辑思想具有一般的普适性，然而在集群环境下，大型复杂产品制造供应链作为一种组织运作，它有着更为复杂的研发、制造和物流系统，且供应链的管理多具有项目管理的特点，使研制和生产构成一个统一的过程。在集群环境下，大型复杂产品承制企业一般承担多种产品，不同产品或同一产品不同研制阶段的供应链具有不同的组织模式，即从组织运作维度出发，大型复杂产品制造业集群供应链可进一步划分为战略级供应链、项目级供应链、专业产品级供应链和过程级供应链四个层次，如图 6-2 所示。

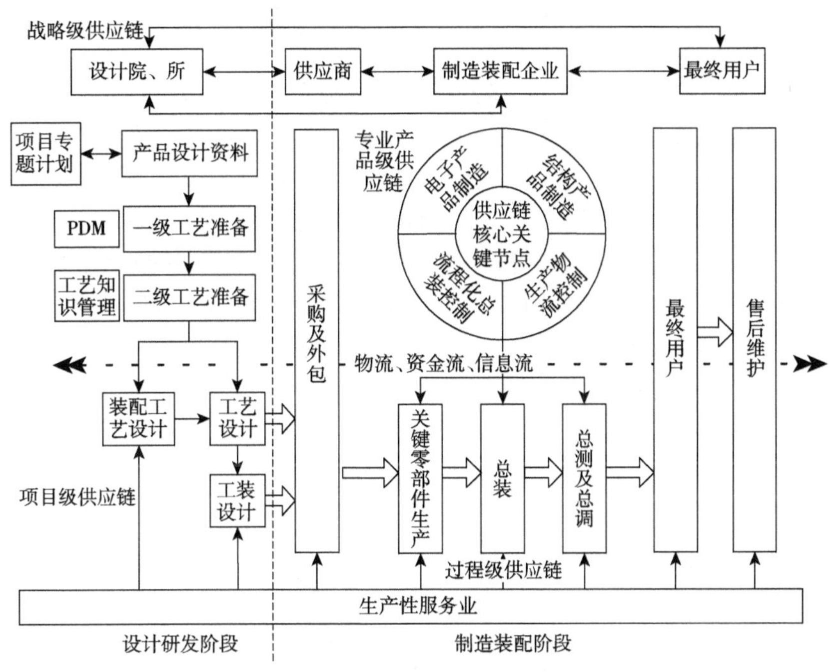

图 6-2　多层次供应链组织运作体系

PDM：product data management，即产品数据管理

（1）战略级供应链。集群环境下大型复杂产品研制单位之间为了战略目的达成长期合作计划。合作计划既包括从事类似业务的企业之间的联合，也包括从事互补性业务的企业之间的联合；既包括强强联合，也包括强弱联合。这种联合是大型复杂产品研制单位为了长远的生存或发展而采取的重大步骤。

（2）项目级供应链。大型复杂产品的开发过程分别由不同企业完成，或一个企业把项目中的某些过程完整地外包给伙伴企业，并提供完整的数据及技术规范。

供应链关系是以合同和信誉为基础，以共同获取利益为出发点的。例如，集群环境下，核心企业与生产型服务企业之间的关系就属于项目级供应链模式。

（3）专业产品级供应链。大型复杂产品中有一些专业性很强的专业系统、辅助性系统或零部件等的设计及生产，必须由专业企业完成，负责产品总成的企业与这些伙伴企业之间形成的关系为专业产品级供应链。飞机制造中的各类专业性系统，如导航系统、火控系统、发动机系统等与飞机主机之间的供应链关系就为专业产品级供应链模式。

（4）过程级供应链。集群环境下，大型复杂产品制造企业之间有可能基于某一项目所涉及的各类资源及生产计划统一进行生产调度与分配，共同进行某些过程的活动，相互了解项目的进展情况，相互参与对方的业务流程，共享与互操作合作企业的生产计划信息及资源，并根据对方的进展情况动态地调整自己的工作进程与调度策略。

集群环境下上述四种供应链运作模式可单独存在，也可同时存在。供应链系统的分层构建体现了大型复杂产品制造业集群供应链集成的水平。战略级供应链主要是从企业战略的高度进行的较高层次上的企业联合，通常表现为联盟企业之间的主导产品互补、市场分割等，是一种相对静态的供应链关系，企业之间不需要具体技术上的集成。项目级供应链的典型实现方式为通常所说的外包。成员企业与核心企业的关系以合同为法律依据，以合同所规定的时间、质量、成本、服务为最基本的合作条件，成员企业按核心企业所规定的技术规范和质量标准完成任务。专业产品级供应链主要表现为供需关系，而成员企业的核心竞争力通常表现为核心设备或核心技术，企业之间以详细的技术合同相互约束。过程级供应链表现为合作企业共同参与产品的设计与制造过程，需要具备较高的信息集成、过程集成、服务集成和应用集成技术。

6.2.3 知识集成

大型复杂产品制造业技术含量高，属于多学科综合性产品。例如，大型客机集现代工业成果于一身，涵盖了机械、电子、材料、冶金、仪器仪表、化工等几乎所有工业门类，并集成了数学、空气动力学、材料学、人机工程学、自动控制学、流体力学、管理学等上百种学科和 7 000 多种技术。智力与知识密集的特征决定了大型复杂产品制造业对知识和技术供应的高度依赖。目前大型复杂产品的研制活动呈现出国际化合作及军民两用的发展趋势，R&D 活动的运行与管理更注重于市场化的运行机制。因此，传统的、孤立分散的研制模式难以适应新时期大型复杂产品研制要求，迫切需要建立一种高效、敏捷、柔性的协同研制环境，尤其是充分利用大型复杂产品制造业集群的有利条件，以满足研制过程中各环节各部门之间频繁协调和交流的需求。因此，集群环境下研制单位在强化内部知识和技术管理的同时，要积极探索以技术创新为主体、按照市场契约机制形成的新型产学研合作模式，构建和完善与大型复杂产品制造业集群供应链相匹配的知识集成体系，如图 6-3 所示。

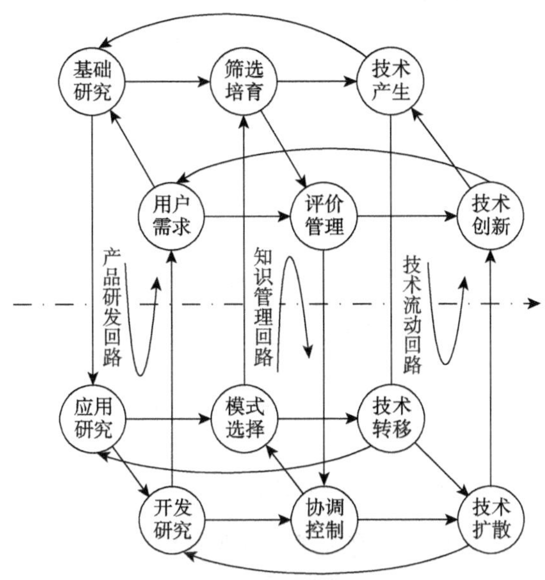

图 6-3　供应链知识集成体系

该知识集成体系就是把研制单位内部以及研制单位之间的各种关系看做一个整体的功能过程，存在知识产生、转移、扩散和创新四个不同的阶段。承担大型复杂产品研发和制造的各个方面应相互补充、相互衔接，才能发挥各自优势。具体而言，该知识集成体系可分为产品研发、知识管理和技术流动三个层面。其中的产品研发层面是由需求分析—基础研究—应用研究—开发研究组成的研发回路。高等院校主要从事基础研究，其职能重点是知识创新。政府所制定的政策对大学科技创新具有引导作用，主要体现在大学科技创新的领域和方向上。而科研机构在很大程度上承担着将政府的战略规划转变为应用技术开发的任务。高等院校和科研机构共同为大型复杂产品制造企业的技术创新提供知识来源和技术储备。知识管理层面是由模式选择—筛选培育—评价管理—控制协调组成的回路。要将知识整合到大型复杂产品制造业供应链业务流程当中，首先，要确立企业知识管理体系，构建跨部门整合、筛选和评估知识的组织，使知识快速传播与分享；其次，通过实施业务流程再造，加强技术创新活动的协调和组织管理，促进产学研各个环节的紧密结合与协同作用。技术流动层面是由技术产生—技术转移—技术扩散—技术创新组成的回路。在此回路中，大型复杂产品制造企业的主要作用是技术的应用和转化，强调科技成果的社会化和产业化。同时，把第一手的需求信息直接反馈给研发单位，可以显著提高大型复杂产品的科研效率和产出的有效性。

6.2.4 三维之间相互作用机制

产业关联、组织运作和知识集成三个维度之间的相互作用机制如图 6-4 所示。

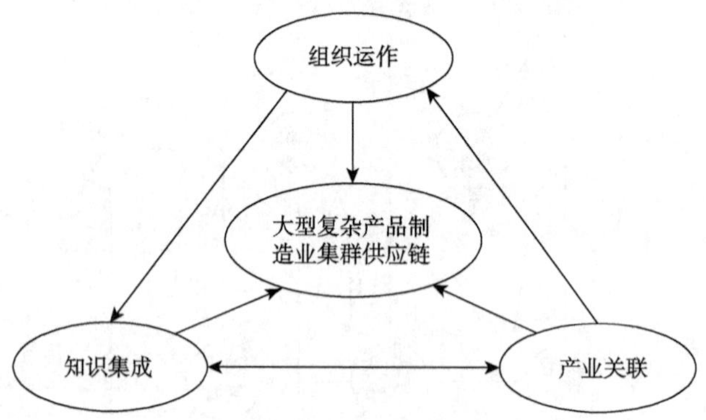

图 6-4 三维之间相互作用机制

知识集成体系的建立和完善有利于产业关联度的提高。一方面，通过知识集成体系能够持续不断地在产品、工艺、原材料、流程、组织、管理等各个方面实施创新，而各领域的创新不仅推动了产品的持续改进，而且促进了产业结构的不断优化和升级，从而提高了大型复杂产品制造业集群相关产业的关联程度；另一方面，知识集成体系不是一个由一系列 R&D 项目按时间先后顺序简单数量叠加而形成的线性过程，而是一个由多类型（基础研究、应用研究、工艺设计、技术改造等）、多层次、多目标创新项目持续动态集成的复杂过程，即所有创新项目之间具有紧密的联系和相互作用，表现在已实现的项目在解决或改进某一问题的同时，也造成了新的不平衡，这种不平衡是持续推出后续创新项目的基本原因要素和基础条件。正是这些创新项目之间持续的相互作用带动和促进了大型复杂产品制造业集群上下游相关产业关联度的不断提升。

产业关联度的提高有利于其供应链组织运作效率的提高和运作成本的降低，因为大型复杂产品制造业集群的构成实体也是供应链的组成实体。产业集群由众多按专业化分工的同类或相关产业的企业及其在价值链上相关的支撑企业和机构构成，而这些也是供应链的结构实体。供应链中这些企业按照供应链管理的战略思想进行专业化分工，且关联紧密。在整个产业中建立起环环相扣的供应链能够使多个企业在一个整体的管理下实现协作经营和协调运作。产业关联度的提高无疑密切了上下游相关产业之间的联系，有利于实现供应链组织的无缝衔接，缩短了空间和时间上的距离，不仅提高了组织运作的效率，而且降低了组织运作的成本，增强了大型复杂产品制造业集群的竞争力。

产业关联度的提高以及供应链组织的无缝衔接反过来又有利于知识的集成和扩散。在集群条件下，合作伙伴加入供应链系统中，不仅带来制造信息和制造资源，而且带来管理技术、专利技术、市场开拓、产品开发和技术创新等各方面的知识；另外，以人为载体的个人隐性知识也能够方便地加入系统中，使集群供应链企业能够做到知识及其载体“不为我有，但为我用”。同时，集群供应链网络为这些知识的传播与利用提供了快捷和便利的途径，邻近扩散和网络传播是最基本也是最有效的知识扩散方式。产业关联度的提高以及供应链组织的无缝衔接有利于建立和完善与集群供应链相配套的知识集成体系，从而为大型复杂产品制造业集群竞争力的提升提供了在机制上和内容上的保障。

6.3　网络关系嵌入对集群供应链协同与绩效的影响

20 世纪 80 年代中期，Granovetter 提出了网络“嵌入性”的概念，用以描述企业网络中企业与企业之间关系的结构。大型复杂产品制造业集群供应链中的参与主体众多，所有的参与主体都会以一定的位置和相互关系组成特定的网络，网络会随着节点之间的关系、信任程度等的可持续性以及关系的强健性等因素的变化而变化（Georgiadis et al.，2011；Chang et al.，2012），由此使通过网络节点的物流、信息流、资金流以及与之伴随的决策流、控制流、知识流和价值流等的流通速度和容量产生变化（Walter et al.，2007；Lin et al.，2009；Andersson et al.，2007；Lau et al.，2009；Xu et al.，2012；谢洪明等，2012b），进而影响大型复杂产品制造业集群供应链的绩效（Cao and Zhang，2011；Lin et al.，2012）。区别于传统的对集群供应链绩效影响的研究主要集中在供应链管理行为方面（Beamon，1999；Bhagwat and Sharma，2007；马士华等，2007；赵丽等，2011），一些学者从不同的角度对网络关系嵌入对绩效的影响进行了有意义的探索，具体如下。

Granovetter（1973）研究发现造成行动者绩效差异的主要原因是不同网络嵌入性联系会使行动者得到异质性的信息和知识的量不同。Uzzi（1997）进一步研究认为，区别于传统的经济联系，嵌入性联系通过构建信任、信息共享和共同解决问题等机制促使联系双方的行为发生深刻改变（如同心协力、共同承担风险等），从而提高效率，进而改善企业绩效。而 Gulati 等（2000）基于企业资源观，认为造成企业绩效不同的原因是不同的嵌入性网络关系带给企业网络资源的数量与质量是不同的。Cao 和 Zhang（2011）研究了供应链网络中的合作关系对企业绩效的影响。Santangelo（2012）分析了信息共享对依附关系网络嵌入性的影响。Kajikawa

等（2012）研究了在区域集群中如何识别并桥接网络以提高网络关系嵌入，进而提高企业绩效。

在国内，李志刚等（2007）讨论了密度、居间性等网络结构变量对企业创新能力和绩效的正向影响。杨俊等（2009）分析了网络关系强度与新企业绩效之间的正相关关系。潘松挺和蔡宁（2010）提出了从接触时间、投入资源、合作交流范围和互惠性四个维度对企业创新网络中关系嵌入强度进行测量。王国顺和刘若斯（2009）采用实证的方法分析了网络嵌入性对企业出口绩效的影响。魏江和徐蕾（2011）研究认为集群中的企业只有同时嵌入本地与超本地知识网络，才能为企业提供更多异质性资源和能力。

由于分工的不断深化，大型复杂产品制造企业的专业化水平不断提高，分工网络中的企业变得比以往任何时候都更加依赖于集群网络中的其他企业为其生产提供必需的中间产品或最终产品。由此，“协同”已成为大型复杂产品制造业集群供应链企业间建立和保持长期稳定合作关系的基石，需要从体制、机制及组织结构等各个方面实施有效协同管理模式，以避免供应链企业间的关系和利益受损。

供应链协同强调供应链企业之间通过紧密合作建立起双赢的业务联盟间的协作模式。尽管学术界从各自不同的角度去理解和解释供应链协同，但是他们都有一个共同点，即都认为供应链协同是指供应链成员企业为实现供应链整体利润最大化的共同目标，以利益共享为前提，以信任、信息共享和风险共担为基础，通过相互协作使供应链各环节紧密连接在一起，构成一个战略联盟。Petersen 等（2005）通过实证研究发现，供应链协同对于其绩效的影响，体现在有效的协同计划可以提升供应商的绩效，但有效的协同计划很大程度上受供应链成员企业之间信任水平以及共享信息质量的影响方面。而廖成林等（2008）认为企业合作关系对敏捷供应链效应、企业绩效水平具有显著的正向影响。

总体来看，现有研究中分别研究网络嵌入性、集群供应链协同对集群供应链绩效影响的较多，而将三者结合起来的研究并不多见。供应链是一个由上下游合作企业联结成的供需网络组织，网络中节点企业之间的关系主要是由关系性交易所构成的供需关系，而这种关系性交易是网络关系嵌入的重要组成部分。大型复杂产品制造业集群供应链网络中的关联是大量的，也是错综复杂的，现有文献对网络关系嵌入与集群供应链协同能力以及集群供应链绩效之间的关系缺乏明确一致的表述，也缺乏足够的实证研究来确证其中的作用机理。基于目前理论研究还有待完善以及我国大型复杂产品制造业实际，本书在前人研究的基础上，实证分析网络关系嵌入对集群供应链协同能力和绩效的影响机理，以期为我国大型复杂产品制造业集群供应链管理提供决策依据。

6.3.1 理论假设与模型构建

借鉴前人的相关研究，网络关系嵌入可通过信任、信息共享和共同解决问题来衡量（Uzzi，1997）；集群供应链协同能力通过同步决策、产品交付及时可靠及激励联盟三个维度进行测量（Simatupang and Sridharan，2004，2005）；集群供应链绩效主要从运作和财务两方面进行考察（Beamon，1999）。

信任是指在没有监视或控制的条件下，相信对方会实施所期待的行为，是网络关系嵌入最重要的特征。在集群供应链网络中，信任不仅可以让难以通过市场交换而获得的资源和信息在集群供应链合作企业之间进行流动，而且可以让合作企业双方都以更开放的态度接纳对方，允许对方更深度地利用自己所拥有的敏感类信息和互补性资源（Barden and Mitchell，2007），从而保证合作企业在集群供应链的计划层面和运作层面上实现同步决策。计划层面的决策主要涉及整合长期计划及其相关的决策评估，而运作层面的决策则包括订单的生成和货物发送等。集群供应链企业间的信任也会直接影响完成订单的质量和进程，进而影响企业及时可靠地交付产品。同时，集群供应链企业间信任的存在，有助于合作企业建立激励联盟，共同分担风险和分享利益，从而促进集群供应链成员企业不仅从本企业的利益，而且能更多地从集群供应链整体利益来考虑问题。由此，本书提出如下研究假设：

H_{1a}：集群供应链企业间信任水平对同步决策有显著的正向影响。

H_{1b}：集群供应链企业间信任水平对产品交付及时可靠有显著的正向影响。

H_{1c}：集群供应链企业间信任水平对激励联盟有显著的正向影响。

信息共享指的是集群供应链合作企业之间不仅仅交换合同或协议所约定的信息，而且主动交换超出既定范围的对合作双方都有益的信息。集群供应链企业之间通过信息共享，可以获得对方所拥有的隐性知识及异质性资源，这有助于供应链上下游企业在计划和运作层面共同做出决策，协调和控制供应链运作行为，提高整个集群供应链的可视化水平，从而保证产品交付的及时性和可靠性。大型复杂产品具有项目制、小批量定制生产的特点，集群供应链企业时刻面对客户需求种类、数量和时间等的不确定性，只有通过信息共享建立激励联盟，才能在取得和保持自身竞争优势的同时，改善和提升集群供应链整体的绩效。因此，本书提出如下假设：

H_{2a}：集群供应链企业之间的信息共享水平对同步决策有显著的正向影响。

H_{2b}：集群供应链企业之间的信息共享水平对产品交付及时可靠有显著的正向影响。

H_{2c}：集群供应链企业之间的信息共享水平对激励联盟有显著的正向影响。

共同解决问题是指集群供应链合作企业之间为共同完成任务而彼此帮助，共克时艰，最终解决问题的全过程行为（Gulati and Sytch，2007）。MeEvily 和 Mareus（2005）研究发现企业之间在共同解决问题的过程中，交互的频率和互动的次数会明显提高，从而节省成本和时间，提高同步决策的效率，使产品交付的及时性和可靠性得到保证，有利于企业之间激励联盟关系的维系与改善。因此，本书提出如下假设：

H_{3a}：集群供应链企业之间共同解决问题的水平对同步决策有显著的正向影响。

H_{3b}：集群供应链企业之间共同解决问题的水平对产品交付及时可靠有显著的正向影响。

H_{3c}：集群供应链企业之间共同解决问题的水平对激励联盟的维系与改善有显著的正向影响。

目前，有文献将集群供应链协同能力作为一个整体概念来研究其对集群供应链绩效的影响作用关系（Harrison and New，2002；Mason-Jones and Towill，1997）。虽然一般认为提高集群供应链协同能力会提升集群供应链绩效，但是对于集群供应链协同能力中不同维度对其绩效的影响机理的深入研究仍较为匮乏。因此，本书在 Simatupang 和 Sridharan（2004，2005）研究的基础上，将集群供应链协同能力细分为同步决策、产品交付及时可靠和激励联盟三个方面，由此，本书提出如下假设：

H_{4a}：集群供应链企业之间同步决策水平对集群供应链运作绩效有显著的正向影响。

H_{4b}：集群供应链企业之间同步决策水平对集群供应链财务绩效有显著的正向影响。

H_{5a}：集群供应链企业之间产品交付及时可靠对集群供应链运作绩效有显著的正向影响。

H_{5b}：集群供应链企业之间产品交付及时可靠对集群供应链财务绩效有显著的正向影响。

H_{6a}：集群供应链企业之间激励联盟对集群供应链运作绩效有显著的正向影响。

H_{6b}：集群供应链企业之间激励联盟对集群供应链财务绩效有显著的正向影响。

本书从运作和财务两个绩效维度来测度集群供应链绩效，同时认为运作绩效的提高会直接改善财务绩效，进而提升集群供应链整体绩效。由此，本书提出如下假设：

H_7：集群供应链运作绩效对其财务绩效有显著的正向影响。

根据上述理论研究假设，本书提出的理论模型如图 6-5 所示。

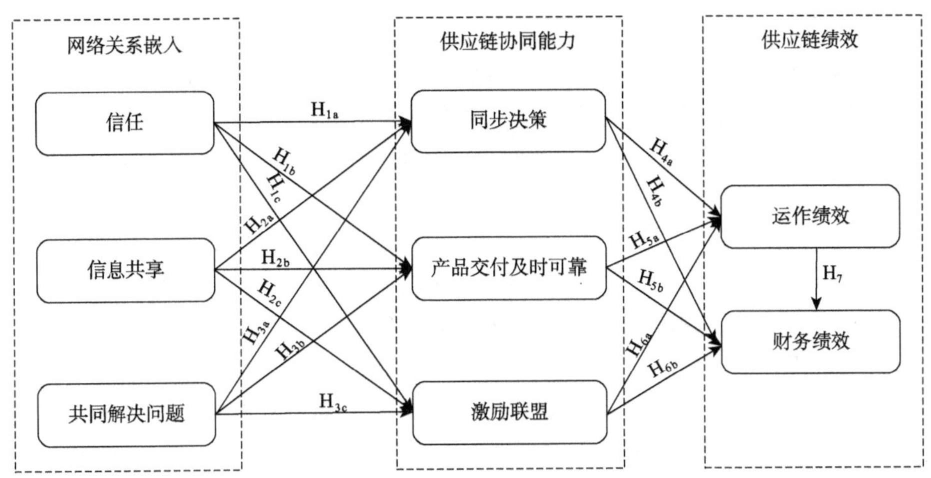

图 6-5　网络关系嵌入对集群供应链协同能力和绩效影响的理论模型

6.3.2　变量测量

由于航空产品是典型的大型复杂产品，代表性较强，因此本书以西安阎良国家航空高技术产业基地中的企业作为集群供应链网络中的节点样本。2013 年 2~3 月，我们先后选取了基地中的 3 家研制单位的相关人员进行了调研访谈，然后对访谈内容进行整理、分析，同时结合已有文献中测度网络关系嵌入、集群供应链协同及集群供应链绩效的成功量表设计本书的调查问卷。问卷采用李克特（Likert）五级计分法，1~5 分别表示影响很小、影响较小、有一定影响、影响较大、影响很大。问卷测量的变量如下。

（1）网络关系嵌入：根据 Uzzi（1997）的研究，用信任、信息共享、共同解决问题三个维度来衡量。其中信任涉及彼此信守承诺、不利用对方弱点及不泄露敏感信息等；信息共享涉及战略层面、管理层面及作业层面的信息共享等；共同解决问题则包括目标的一致性、互相协作克服困难及相互负责约定的任务等。

（2）集群供应链协同能力：基于 Simatupang 和 Sridharan（2004，2005）的研究，用同步决策、产品交付及时可靠及激励联盟来衡量。从长期计划整合、协同决策评估、联合订单生成及产品配送等方面测度同步决策；从准时交货、按需交付和产品的可靠程度等方面来测度产品交付的及时可靠；从共同分享价格、风险和利益的程度来测度激励联盟。

（3）集群供应链绩效：基于 Beamon（1999）以及马士华等（2007）的研究，用运作绩效和财务绩效来测量。从产品质量、流程柔性和响应客户需求速度等方面测度运作绩效；而从成本控制、投资回报率和销售利润率等方面测量财务绩效。

（4）控制变量：考虑到目前我国大型复杂产品制造业的实际情况，选取企业性质（民营企业取值为 1；其他取值为 0）、企业规模（1 000 人及以下取值为 1；1 001~2 000 人取值为 2；2 001~5 000 人取值为 3；5 001~10 000 人取值为 4；10 001 人及以上取值为 5）和企业成立年限（5 年及以下的取值为 1；6~10 年取值为 2；11~15 年取值为 3；16~20 年取值为 4；21 年及以上取值为 5）作为三个控制变量。

初始问卷设计完成之后，首先在上述 3 家航空制造企业中进行预调研，主要是听取问卷对象对集群供应链网络关系嵌入的理解以及征询其对问卷的修改建议，并据此对问卷的题项和表述进行修正和完善，形成最终调研问卷（附录 3）。为确保问卷调查数据的有效性和可靠性，问卷对象全部选自中级以上管理和技术人员，涉及西安航空发动机有限公司、西安飞机工业（集团）有限责任公司、中航工业第一飞机设计研究院等 16 家航空企业和科研院所。另外，问卷对象要求具有本科及以上学历，5 年以上工作经验，对企业所处的供应链情况较为了解。问卷调研时间为 2013 年 4~6 月，发放问卷 280 份，收回 157 份，问卷回收率为 56.07%，其中有效问卷 134 份，有效率为 47.86%。

6.3.3 研究结果

1. 变量的相关性分析

使用 SPSS 17.0 软件处理问卷数据，并对各研究变量（网络关系嵌入、集群供应链协同能力和集群供应链绩效）的观测变量的相关性进行分析，如表 6-1 所示。除共同解决问题与财务绩效的相关系数较低外（0.317），其他相关系数均在 0.416~0.678。总体来看，网络关系嵌入、集群供应链协同能力与集群供应链绩效的观测指标间的相关系数都比较大，相关性较好。

表 6-1 变量间相关系数

研究变量	信任	信息共享	共同解决问题	同步决策	产品交付及时可靠	激励联盟	运作绩效	财务绩效
信任	1.000							
信息共享	0.659	1.000						
共同解决问题	0.593	0.678	1.000					
同步决策	0.633	0.561	0.582	1.000				
产品交付及时可靠	0.537	0.612	0.446	0.498	1.000			
激励联盟	0.474	0.637	0.497	0.664	0.654	1.000		
运作绩效	0.537	0.596	0.468	0.524	0.648	0.611	1.000	
财务绩效	0.416	0.452	0.317	0.450	0.429	0.485	0.673	1.000

2. 信度和效度分析

信度检验是为了保证分析结果的一致性，最常用的检验量表题项之间内部一致性的方法是计算 Cronbach's α 系数，一般 α 值大于 0.7 即说明模型内部一致性较好。本书中三个潜在变量的 α 系数分别是网络关系嵌入 0.768、集群供应链协同能力 0.802、集群供应链绩效 0.745，均在 0.7 之上。对测量模型进行验证性因子分析，结果如表 6-2 所示，三个潜变量的组合信度较好（均大于 0.80）。

表 6-2　参数估计结果

潜变量	观测变量	回归系数	标准差	C.R.	因子载荷	R^2	组合信度	AVE
网络关系嵌入	信任	1.000			0.885	0.663	0.857 9	0.700 2
	信息共享	1.043	0.110	12.423	0.779	0.677		
	共同解决问题	0.820	0.094	9.576	0.725	0.587		
集群供应链协同能力	同步决策	1.000			0.776	0.706	0.846 7	0.690 1
	产品交付及时可靠	0.912	0.078	17.847	0.821	0.714		
	激励联盟	0.896	0.091	14.567	0.794	0.687		
集群供应链绩效	运作绩效	1.000			0.833	0.758	0.856 7	0.654 1
	财务绩效	0.906	0.125	13.553	0.724	0.724		

注：χ^2/df=2.063；RMSEA=0.056；GFI=0.932；CFI=0.965；NFI=0.927

效度检验包括内容效度和建构效度两部分。本书在研究中所选用的测量量表大都借鉴前人研究成果中已得到成功应用的量表，具有较高的认可度。另外，在最终问卷的确定过程中，我们一方面咨询了本领域的专家、学者和业界人士，另一方面通过预调研的方式完善了问卷的题项和表述，因此总的来看问卷具有较好的内容效度。建构效度可分为收敛效度和区分效度。由表 6-2 可知，各观测变量对潜变量的回归系数均具有统计显著性（C.R.值均大于 2），而且所有观测变量的因子载荷均大于 0.5，大部分变量的拟合优度 R^2 也在 0.5 以上，说明本书中的三个潜变量具有良好的收敛效度。此外，由表 6-1 可知，本模型中 8 个观测变量之间的相关系数均不大于 0.8，不存在严重的多重共线性问题，说明变量间区分效度较好。此外，三个研究潜变量的 AVE（average variance extracted，即平均方差抽取量）都大于 0.5，说明各观测指标变量能够有效反映其研究潜变量。

3. 假设检验结果

1）网络关系嵌入与集群供应链协同能力

使用 Eviews 6.0 软件依次构建分层回归模型，检验结果如表 6-3 所示。由表 6-3 可知，各控制变量对集群供应链协同能力均没有显著的影响。然而，随着在基础模型 1、模型 3 和模型 5 中分别加入信任、信息共享和共同解决问题变量（即网络关系嵌入变量）后，模型 2、模型 4 和模型 6 的拟合优度 R^2 都得到了显著提高，这表明网络关系嵌入各细分维度对集群供应链协同能力均具有显著的正向影响。

表 6-3 网络关系嵌入对集群供应链协同能力影响的模型假设检验结果

研究假设		H_{1a}，H_{2a}，H_{3a}		H_{1b}，H_{2b}，H_{3b}		H_{1c}，H_{2c}，H_{3c}	
因变量		同步决策		产品交付及时可靠		激励联盟	
模型		模型 1	模型 2	模型 3	模型 4	模型 5	模型 6
常数项		10.514***	9.678***	8.769***	8.057***	8.873***	8.194***
控制变量	企业性质	0.018	0.021	0.024	0.033	0.020	0.074
	企业规模	0.224	0.184	0.203	0.198	0.118	0.183
	企业年限	0.152	0.117	0.216	0.187	0.223	0.135
自变量	信任		0.658***		0.538***		0.612***
	信息共享		0.438*		0.526***		0.273**
	共同解决问题		0.356**		0.269**		0.346**
R^2		0.034	0.417	0.041	0.517	0.028	0.468
ΔR^2			0.383		0.476		0.440
F		1.796	13.667	1.572	19.798	1.443	15.649

*表示p<0.05；**表示p<0.01；***表示p<0.001

检查模型 2、模型 4 和模型 6 的 VIF（variance inflation factor，即方差膨胀因子）值，均小于 10，说明模型 2、模型 4 和模型 6 没有多重共线性的问题。对三个模型再进行 DW 检验，得到 DW 值分别为 1.965、2.113 和 1.957，均在标准值 2 附近，表明三个模型不存在自相关问题，各变量的误差相互独立。

由此，网络关系嵌入中信任、信息共享和共同解决问题对于集群供应链协同能力各维度均具有显著的正向影响，即验证了假设 H_{1a}、H_{1b}、H_{1c}、H_{2a}、H_{2b}、H_{2c}、H_{3a}、H_{3b}和 H_{3c}成立。

2）集群供应链协同能力与集群供应链绩效

集群供应链协同能力与集群供应链绩效之间关系的假设检验结果如表 6-4 所示。由表 6-4 可知，各控制变量对集群供应链绩效均没有显著影响。但是，在基础模型 7 和模型 9 中依次加入同步决策、产品交付及时可靠、激励联盟（即供应链协同能力变量）以及运作绩效变量后，模型 8 和模型 10 的拟合优度 R^2 有了显著提高，说明集群供应链协同能力的各个维度对集群供应链绩效有着显著的正向影响。

检查模型 8 和模型 10 的 VIF 值均小于 10，表明模型 8 和模型 10 不存在共线性问题。另外，对模型 8 和模型 10 进行 DW 检验，所得 DW 值分别为 1.933 和 1.977，均在标准值 2 附近，表明这两个模型也不存在自相关问题，且各变量的误差相互

表 6-4　集群供应链协同能力对集群供应链绩效影响的模型假设检验结果

研究假设		H_{4a}，H_{5a}，H_{6a}		H_{4b}，H_{5b}，H_{6b}，H_7	
因变量		运作绩效		财务绩效	
模型		模型 7	模型 8	模型 9	模型 10
常数项		8.278***	6.264	7.876***	6.981**
控制变量	企业性质	0.017	0.042	0.015	0.036
	企业规模	−0.246	−0.106	−0.129	−0.321
	企业年限	0.579	0.137	0.365	0.352
自变量	同步决策		0.253*		0.036*
	产品交付及时可靠		0.542***		0.078**
	激励联盟		0.475**		0.398**
	运作绩效				0.652**
R^2		0.069	0.712	0.055	0.441
ΔR^2			0.633		0.386
F		1.227	21.561	1.767	12.794

*表示$p<0.05$；**表示$p<0.01$；***表示$p<0.001$

独立。由此，三种协同能力均显著地促进了集群供应链运作绩效的提升，假设 H_{4a}、H_{5a} 和 H_{6a} 得到了验证。

另外，从表 6-4 可知，假设 H_{6b} 和 H_7 经验证成立，即激励联盟与运作绩效都对财务绩效有显著的正向作用；而假设 H_{4b} 和 H_{5b} 经验证并不成立，即同步决策和产品交付及时可靠对财务绩效没有直接影响，而是通过运作绩效间接实现的。

6.3.4　结论分析

（1）关于网络关系嵌入与集群供应链协同能力之间的关系，本书研究结果表明集群供应链企业间的信任水平、信息共享水平和共同解决问题的水平对集群供应链协同能力具有显著的正向影响。

信任水平对集群供应链协同能力有显著的正向影响（H_{1a}、H_{1b} 和 H_{1c} 成立），说明在大型复杂产品制造业集群供应链实际运作中，集群供应链企业通过沟通建立信任机制，相互承诺发展关系，进而在供应链运作的不同层面和各个环节上进行合作，会给双方的同步决策、产品交付及时可靠及激励联盟的建立带来显著的影响。因此，提高集群供应链协同能力的前提是信任。

信息共享水平对集群供应链协同能力有显著的正向影响（H_{2a}、H_{2b} 和 H_{2c} 成立）。大型复杂产品制造业的生产特点决定了其集群供应链对产业关联度要求很高，这使集群供应链企业对信息共享的需求不仅是双向的，而且呈现出复杂性和层次性。因此，需要建立以信息共享平台为支撑的信息共享机制，提高信息共享水平，以满足大型复杂产品制造企业对集群供应链协同能力的要求。

共同解决问题的水平对集群供应链协同能力有显著的正向影响（H_{3a}、H_{3b} 和 H_{3c} 成立）。大型复杂产品组成结构复杂，涉及的零部件种类和数量庞大，技术含量较高，因此在生产制造过程中所需资源巨大，由此导致其供应链呈现出一个复杂的动态网络结构，网络中节点的不确定性可能会影响集群供应链整体的协同性。集群供应链企业要有效地解决共同面临的各种问题，应建立必要的沟通协调机制、合理配置各种资源、提高集群供应链的协同能力。

（2）关于集群供应链协同能力与其绩效之间的关系，本书研究结果表明同步决策、产品交付及时可靠和激励联盟对运作绩效的提升有显著的正向影响（H_{4a}、H_{5a} 和 H_{6a} 成立），而运作绩效的提升对财务绩效的改善有着显著的正向影响（H_7 成立）。但是，集群供应链协同能力中只有激励联盟对财务绩效有直接的正向影响，而同步决策和产品交付及时可靠则是通过运作绩效间接地影响财务绩效（H_{4b} 和 H_{5b} 不成立）。

大型复杂产品制造业集群供应链上下游合作企业通过及时的信息共享进行同步决策，及时根据合作企业以及客户需求的变化调整自己的产品及生产系统等，不仅可以提高生产流程的柔性，而且可以在降低库存成本的同时保证产品交付的及时可靠；而企业间激励联盟则可以有效地分担市场变化带来的风险及共享收益，这些将对集群供应链运作绩效的改善起到很大的促进作用。

研究假设 H_{4b} 和 H_{5b} 没能得到验证，这与最初实地调研时的访谈结论有一定的差距。经过分析并结合我国当前大型复杂产品制造业的实际，我们认为集群供应链财务绩效的改善除了直接取决于集群供应链企业间激励联盟的构建水平，即共同分担风险和共享收益的广度与深度，还取决于大型复杂产品制造业集群供应链整体运作绩效的提高（H_7 成立）。同步决策和产品交付及时可靠虽然对集群供应链财务绩效的提升没有明显的直接影响，但是可以通过促进运作绩效的改善间接地提升财务绩效。

综上所述，网络关系嵌入对大型复杂产品制造业集群供应链协同能力中同步决策、产品交付及时可靠及激励联盟三个维度均有着显著的正向促进作用。而从上述细分维度来分析集群供应链协同能力对集群供应链绩效的作用，可以发现：同步决策、产品交付及时可靠及激励联盟均可以显著提升集群供应链运作绩效；激励联盟和集群供应链运作绩效对集群供应链财务绩效有着直接的正向影响，而同步决策和产品交付及时可靠则是通过提高集群供应链的运作绩效间接地影响集群供应链的财务绩效。本书虽然验证了网络关系嵌入对大型复杂产品制造业集群供应链协同能力及其绩效的部分研究假设，但对此问题仍需要进行进一步深入分析，其中一个非常值得关注的研究方向是集群供应链协同能力在网络关系嵌入与集群供应链绩效之间所发挥的中介作用。

第 7 章　影响集群模块化升级的因素

7.1　大型复杂产品制造业集群升级

产业集群是指集中于某一特定区域的特定产业的众多具有分工合作关系的不同规模等级的企业与发展有关的各种机构、组织等行为主体，通过纵横交错的网络关系紧密联系在一起，形成有利于产业组织协调的空间积聚体，代表着介于市场和等级制之间的一种空间经济组织形式。产业集群是一个国家或地区产业竞争优势的主要来源，在区域经济发展中起着重要的推动作用。因此，产业集群升级已成为各界人士广泛关注的焦点问题。

升级是产业集群突破发展困境、获得持续发展的核心竞争力、融入全球价值链的重要途径。在经济全球化的环境下，Gereffi（1999b）提出，产业集群升级其实就是不断提升集群自主创新能力的过程。Humphrey 和 Schmitz（2000）归纳了区域产业集群在全球价值链上升级的四种方式，即工艺流程升级（process upgrading）、产品升级（product upgrading）、功能升级（functional upgrading）及价值链升级（inter-sector upgrading），如表 7-1 所示。

表 7-1　基于全球价值链的产业集群升级途径

集群升级类型	角度	主要内容
工艺流程升级	生产流程	增进传输体系，引进先进工艺流程或充足生产网络，提升价值链某个环节的竞争力
产品升级	产品特性	引进或改进产品，扩大产品宽度，增加产品功能，提高生产效率，提升产品竞争力
功能升级	价值链优势环节	组合价值链优势环节或战略环节，专注于某一个或某几个环节，放弃低价值或劣势环节，最终获得该价值链的统治权
价值链升级	产业交叉	将原有价值链转移至其他相关产业或者移向更具价值的其他新产业或者使企业获得多条价值链的价值，通过产业交叉提升竞争力，实现转型升级

本书归纳后认为，产业集群升级本质上是依托于地方产业集群特有的内生优势，建立一种互动机制，发展和完善地方产业网络，并积极回应全球产业网络的变化，从而使产业集群具备不断学习和创新的能力，拥有持续的自我发展与更新的能力。

大型复杂产品制造业集群是指以整机制造企业为核心，以零部件制造企业、相关辅助机构和配套机构为支撑，存在着一群与高端制造业相互关联的公司、供应商、关联产业和专业化的制度与协会，包括原材料和半成品提供商、最终产品制造厂商、互补性产品制造商、机器设备服务供应商、金融机构及相关产业的厂商和专业化基础设施的供应商，还包括许多提供专业化产品研究、技术支持的政府及其他机构和专业化培养行业相关人才的大学及培训机构（张耀伟，2012）。

基于大型复杂产品制造业高技术、高投入、长周期、高风险和高附加值等特点，世界大型复杂产品制造业形成了寡头垄断型的市场结构（如航空制造业等）。与市场垄断相对，大型复杂产品产业链呈现出全球化分布的态势，即全球化生产、全球化采购、全球化销售。从世界范围看，大型复杂产品制造业已经形成了一条完整的产业链，主要包括研发转化、整机及零部件制造、特种设备制造、维修、培训、运输等环节，相互关联、相互影响和相互制约的各个环节之间构成了一个有机整体。其中，大型复杂产品制造业赖以生存与发展的核心和前提在于研发，拥有核心技术的企业在大型复杂产品制造业价值链中处于链主地位，既能严格检测和控制各个价值环节的产品质量，又能够依靠其强大的系统集成能力对众多的中间产品进行最后的总装集成（张耀伟，2012）。一方面，考虑到成本和市场的影响，大型复杂产品制造业的核心企业在全球价值链中动态配置产业链，因而其不同环节在全球不同国家和地区形成了多个颇具地方特色的大型复杂产品制造业集群。以航空产业集群为例，其中典型的有法国图卢兹航空产业集群、美国西雅图航空产业集群等。另一方面，一个以外包为主要业务的庞大供应商网络分布在各个产业集群的外围，从而为各产业集群的升级奠定了良好的协作基础。大型复杂产品制造业技术密集性和技术复杂性的特征决定了其企业无法独自完成一系列复杂的技术研发与生产制造过程，因此转包协作成为他们的必然选择，进而“核心企业+配套供应商”的集群式发展也就成为现代大型复杂产品制造业集群快速升级的发展模式。显而易见，发达国家在大型复杂产品制造业产业链中处于核心位置，而我国虽然已经形成了较为完整的大型复杂产品制造业集群，但仍然处于全球价值链的低端，无法融入大型复杂产品制造业的核心环节，在国际市场上缺失话语权。因此，促进我国大型复杂产品制造业集群升级成为提升我国大型复杂产品制造业在全球价值链中地位的关键。

7.2 影响集群模块化升级的主要因素

大型复杂产品制造业集群升级的本质是集群创新（Pietronelli and Rabellotti,

2004）。集群创新是出现在产业集群内部并带有明显集群特点的创新过程和行为（石明虹和胡茉，2013），即产业集群企业地缘上彼此靠近所形成的既竞争又合作的共生关系，使知识和技术能够低成本地快速传播，对新的思想和观念往往采取开放和接受的态度，能够获得原先单个企业所无法获得的创新优势。而目前备受世界关注的模块化生产方式在促进集群创新方面有着巨大的优势。一方面，彼此独立的模块分工降低了创新的门槛和风险，最大限度地包容了创新带来的不确定性；另一方面，模块分工是一个开放的生产系统，兼具市场和企业的优势，公开信息和隐藏信息使系统创新活动能够同时在各个模块中进行，而模块间的“背对背”竞争能够保证各模块企业创新动力的持久性和充足性（陈建勋等，2009）。集群创新在模块化生产方式的推动作用下，为我国大型复杂产品制造业集群在全球价值链上的升级提供了宝贵的历史契机（董科，2011）。

7.2.1　模块化

“模块”是指能够组成系统的、具有某种确定独立功能的半自律的子系统，可以通过标准化的界面结构与其他功能的半自律的子系统，按照一定的规则相互联系而构成更加复杂的系统或过程。哈佛大学法学教授 Baldwin 和 Clark（2000）认为，作为产业集群的一个子系统，模块具有“内紧外松”的特点，模块内部的各组成元素之间紧密联系，以保证模块的稳定性，而这些元素与模块外部及模块之间的联系比较弱。在系统内部各个模块是相互独立的，因而模块通过相互联系共同发挥作用所表现出来的系统功能才是完整的。模块作为一个子系统，需要遵循两个规则，即看得见的规则和看不见的规则，进而构建成一个复杂的产品系统。看得见的规则又称可见信息，一般是由产业集群中的系统集成商或行业协会等组织规定，各个子模块都要按照既定的功能和标准进行研究和生产。该规则必须在模块化设计任务开始之前就确定，一旦确定，就不能轻易改变。看不见的规则也称为隐藏信息，仅存在于模块内部，在看得见的规则要求下由各子模块自主设计技术路径，对其他模块的功能没有任何影响，只要自己的技术功能先进就好。集群内的模块企业也就是在看得见的规则和看不见的规则之间进行技术创新，促进整个产业集群的技术创新，达到集群升级的目的。

模块化在大型复杂产品制造业中呈现出了高度柔性化、专业化分工的特征。一方面，模块供应商能够为不同的模块集成商服务，承担不同产品所需的同一类制造模块，往往拥有自己的核心能力；另一方面，模块集成商也能够实现规模经济，即拥有在一定范围内大批量生产且生产成本降低的优势。尤其重要的是，在模块化生产模式下，任何一个模块企业在整个产业链的生产过程中不会因为其他模块企业生产技术与生产条件的变化而做出重大调整。模块集成商为了保证集群制造系统结构的相对稳定，只需剔除生产中的低效率模块，添加新的高效率模块，进而能有效实现对整个供应链过程的优化。“新水桶原理”恰好体现了这一理论：模块供应商不再着眼于修补自己“水桶”的短木板，而是拿出自己在价值增值中的优势环节，与别人合作，去做更大的“水桶”；然后从新的“大水桶”中寻求自己的利益最大化，最终实现整个集群系统的“共赢”。

伴随着现代经济的快速增长和科学技术的飞速发展，产品核心技术的生命周期不断缩短，那么模块企业要想在产业集群中获得竞争优势并占有一席之地就必须不断增强自身的核心竞争力。推动产业集群模块化升级的两股力量（显性力量和隐性力量）就在这样的背景下应运而生。其中显性力量是集群内部企业模块化创新带来的竞争优势，具体表现为其能够提出新方法以应对复杂产品设计，并在客观上加速产品系统的模块化成型。在产品系统模块化的基础上，不需要全面否定产品设计就能实现产品的技术创新。也就是说，通过模块化的分割、替代、扩展、排除、归纳、移植等操作来实现局部创新，进而推动产业集群的模块化升级。隐性力量则是虚拟网络带来的信息化优势，即在产业集群内部各模块可以借助信息技术结成更多的虚拟组织与动态联盟等网络组织，既能降低沟通成本又能实现联合竞争，这就促进了产业集群的组织形态朝着模块化创新网络演进，加速了产业集群的模块化升级。

模块化技术很好地解决了大型复杂产品设计与制造的复杂性问题，通过产品的模块化分解，降低了整体研发和制造的复杂程度，提高了创新的效率。模块化能实现系统的并行开发，使模块生产的各方从事自己所擅长的工作，缩短开发时间，快速响应市场需求。模块的“即插即用”和“随意组合”的竞合机制，有利于系统集成商选择最有优势的子模块，从而剔除低效率生产模块，并且能够提供多种产品的个性化组合方式，制造出差异化产品，实现集群创新，提高产业集群的综合竞争力（芮明杰和张琰，2008）。

模块化生产方式使各模块企业相互学习，有利于模块化企业间传播知识、创新知识和应用知识，同时也有利于模块化企业将自身的能力与合作企业的能力相结合创造出新的能力。此外，合作组织整体的信息搜集、沟通成本较低，可以更加关注行业竞争对手的动向和产业发展动态、跟踪外部技术、管理创新等，为模块化企业提供了新的思想和活力，大大增强了模块化企业的创新能力和应对外部环境的能力。在模块化生产网络基础上，系统集成商可以在充分了解各模块供应商基础上通过协调进行最优组合，增强价值创造能力。由于同一类型的资源在不同的模块化企业中表现出很强的异质性，所以模块化企业之间就需要实现资源的互补融合。而模块化生产网络正好为模块化企业间的资源互补与融合提供了条件，也就是说，模块化生产网络有效扩展了模块化企业现有的资源边界，得以为充分利用其他模块化企业的异质性资源提供便利，同时也可提高模块化企业的资源识别与利用效率。此外，模块化生产网络节约了模块化企业的资源投入成本，提高了企业创新的灵活性，并通过双方资源和能力的互补，产生了协同效应，使整个产业集群的能力得到了提升。

7.2.2 集群创新

随着经济全球化、信息化和网络化的加速，创新逐渐呈现出明显的集群发展趋势。Porter（1998）认为，产业集群的存在有助于维持和培育企业的创新能力，能够降低集群创新风险，提高创新效率。近些年来，集群创新引起了学术界、企业和政府的诸多关注和深入研究。已有的相关研究大都集中于集群创新环境、集群创新政策与集群创新网络等定性研究，而实证研究主要集中于技术创新对经济增长的作用。长期以来人们只关注技术创新对经济增长的作用，而忽视了技术创新对产业集群升级的推动作用。目前关于产业集群升级问题的研究主要是基于全球价值链理论的案例研究与实证分析，而在产业集群升级的四种形式，即工艺流程升级、产品升级、功能升级及产业链升级方面还有待进一步深入研究。对此，本书试图从集群创新出发挖掘产业集群的升级路径，即探索集群创新在模块化促进集群升级过程中的中介作用，并进一步建立集群升级路径图，以期丰富集群创新理论和集群升级理论。

大型复杂产品制造业集群企业不仅要全球化自身的产业链，而且要不断优化这一产业链，而这其中最为重要的就是技术创新。创新是升级的内在基础，升级是创新的外在表现，创新能力的形成是创新产生的根本，所在集群的升级最终应关注集群创新能力的提高。按照创新的程度和幅度，集群创新可以划分为集群探索性创新和集群开发性创新（李剑力，2009；Benner and Tushman，2003）。集群探索性创新是指集群企业借助新知识和新技术或者脱离原有知识及技术轨迹来进行新的设计、开拓新的市场或开辟新的分销渠道，旨在满足正在形成的市场和顾客需求的创新，类似于突破性创新；集群开发性创新是指集群企业在既有知识、技术的基础上提升组织的既有技能、过程和结构，旨在满足既有市场和客户需求的创新，类似于渐进性创新。集群探索性创新是一种激进的创新行为，强调获取和创造全新的知识，力求超越集群企业现有的知识和技术。集群开发性创新强调对现有知识进行提炼、整合、强化和改进。两者的性质不同，但都能够在不同环境下促进集群升级。

产业集群升级的目的在于重新定位集群，赢得新市场或者扩大已有的市场份额，集群创新恰好是这一目标得以实现的有效途径。大型复杂产品制造业集群内的供应商、生产商、竞争者、中介服务机构和研究机构在一定区域内的分工合作、资源共享，有助于扩大可用资源的总量，加速知识和技术的交流与外溢，提高生产效率，并产生有效的激励作用，从而大大提升集群区域内部的创新能力。另外，集群中上中下游企业的地理邻近性使集群内各主体之间的交流更加频繁，上游企业能够及时了解并调整生产以满足日益变化的市场需求，在一定程度上提高了集群的创新效率。

7.2.3 环境不确定性

集群企业在无法预知的动态环境下探索和维持的竞争优势是当前集群战略研究的重要课题。面对日益变化的技术环境和市场环境，大型复杂产品制造业集群需要不断进行优化与升级，这就要求集群必须在维持现有市场的前提下不断探索新知识和新技术，以便增强其核心竞争力，提升其在全球价值链中的地位。Press（2006）研究认为，集群升级最终体现在对环境适应能力（fitness capability）的提高方面，而环境适应能力是生存与发展能力的总和，由集群结构类型和进化规则所决定。Press 对不同结构集群适应度进行数据模拟研究，其测度集群升级与否的方法值得我们借鉴。而集群升级路径应该是通过集群结构的动态跃升实现的，因此，本书运用环境不确定性来表征影响集群升级的不同环境条件。

环境不确定性是解释组织状态及其升级表现的重要变量。基于 Jansen 等（2005）的研究，本书认为环境不确定性可由环境动态性和环境竞争性两个维度构成。环境动态性是指随着时间的推移，环境因素保持相对静止或持续变化的程度，包括环境变化的速度和幅度、频度和密度。环境竞争性是指所在行业及其竞争者的参与、竞争程度，它代表了市场成本及进入壁垒的高低（Wang and Chen，2010）。在不确定的环境条件下，产业集群要成功升级，一方面要保持已有的竞争优势，另一方面还要不断创新，在充分利用现有技术的同时不断探索新知识和新技术。而探索性创新和开发性创新恰好适应了这一要求，从更基本的行为适应方式上体现了创新活动的特征及其升级动力。

第 8 章　集群模块化升级的理论假设

大型复杂产品的研发涉及大量的前沿交叉学科（王娟茹和杨瑾，2012），应用的知识领域和技术门类广泛，尤其是采用的高端技术较多，再加之大型复杂产品制造业的产业链较长，因此，大型复杂产品制造业的发展能够促进和带动国家整体产业结构的调整与优化，对提高国民经济增长质量起着巨大的推动作用。模块化生产方式顺应这样的趋势应运而生。其降低了集群创新的复杂性和不确定性，提高了集群创新效率，为集群升级提供了技术上的可能性。因此，本书认为集群模块化升级是指在模块化生产实践的驱动下，利用产业价值链各个环节在空间上的分离、重组和整合，使产业集群的形态及其内在运行机制向有利于促进产业集群整体价值提升的方向演化。升级的最终形态是能够实现可持续创新的产业集群。

8.1　模块化与集群创新

模块化生产方式已经成为当前国内外大型复杂产品制造业的主流生产方式。模块化生产方式使分工更加专业，各模块制造企业可以在标准规则下独立设计和制造，充分发挥自身的核心竞争力，实现模块内部的技术创新。另外，模块制造企业要想在激烈的竞争中生存下来并取得竞争优势，就必须不断提高创新效率。这样，由模块创新所带来的外溢效应会极大地推动集群创新，使集群创新更有弹性、更有效率、更能适应环境的不断变化。Ethiraj 和 Levinthal（2004）基于复杂系统管理理论，研究发现模块化具有创新和模仿的双重功能。冯增田等（2013）通过对我国 124 家高新技术企业样本的实证分析，验证了模块化对创新绩效具有显著的正向影响。武建龙和王宏起（2014）认为，模块技术在“面对面”交易中较好地规避了创新“外溢”，客观上降低了发达国家对发展中国家的技术封锁，使我国战略性新兴产业可以在全球范围内有效整合模块技术，开展突破性技术创新。由此，本书提出以下假设：

H_{8a}：模块化对集群的探索性创新有显著的正向影响。

H_{8b}：模块化对集群的开发性创新有显著的正向影响。

8.2 集群创新与集群升级

创新是大型复杂产品制造业集群赖以生存的根本，是集群升级的根本动力（董科，2011）。大型复杂产品制造业集群创新会推动产业集群整体竞争层次的提升，实现竞争优势由低成本向差异化的转变，提升整个产业集群在全球价值链中的竞争力（牟绍波和任家华，2009）。大型复杂产品制造业作为国民经济的支柱产业，其探索性创新虽然具有投资大、周期长、风险高等特点，但创新成功所获得的成果能够从根本上推动产业集群的升级；而其开发性创新能够使集群快速满足日益多变的市场需求，不断地变劣势为优势，促进产业集群的升级（Azadegan and Wagner，2011）。

国内外大多数学者认为，技术创新对集群绩效有显著的正向影响，而绩效是集群升级的量化表现，技术创新的扩散效应也能够促进集群创新。Benner 和 Tushman（2003）认为探索性创新和开发性创新能够显著影响其创新绩效。李忆和司有和（2008）的研究表明，探索式创新和利用式创新分别对绩效有直接的正向影响。张徽燕等（2014）在研究组织学习能力与绩效间的关系时发现，双元性创新（探索性创新和开发性创新）对绩效有显著的正向影响。李剑力（2011）在基于组织结构特性的调节效应的基础上，研究发现探索性创新和开发性创新是提高绩效的两种重要途径。由此，本书提出以下假设：

H_{9a}：集群探索性创新对集群升级有显著的正向影响。

H_{9b}：集群开发性创新对集群升级有显著的正向影响。

8.3 模块化与集群升级

模块化生产方式已经普遍渗透到大型复杂产品供应链的各个环节，使大型复杂产品制造业集群企业具有更大的灵活性和柔性；同时模块化生产方式的运用也加快了技术革新的速度，极大地促进了整个产业集群的升级。相对于传统的垂直一体化生产方式，模块化生产方式下集群内模块企业之间将展开更加激烈的市场竞争，从而促使集群企业产生从事创新活动的压力和动力，进而从整体上带动集群升级；同时，模块化结构使各项创新活动能够并行开展，降低了资产专用性和创新活动的不确定性，给模块企业提供了重构竞争优势的机会，并使各个功能模块独立地响应快速变化的需求成为可能，这些都加快了产业集群升级的步伐。李晓华（2010）以我国“山寨”手机为例进行研究，研究表明，模块化不是独立演进的，产品模块化程度的变化会使产品生产组织结构发生改变，模块再整合降低了产业的知识壁垒，进而改变了产业的竞争格局，可以作为一种重要的产业升级路径。一些新兴国家或地区，如韩国、印度和中国台湾，结合自身的实际情况，充分利用模块化条件下的国际分工与产业转移的机遇，优化了经济结构，促进了产业升级。由此，本书提出以下假设：

H_{10}：模块化对集群升级有显著的正向影响。

8.4　集群创新的中介效应

大型复杂产品制造业是知识密集型产业，模块化生产方式实现了专业化知识分工，提高了知识的专业化水平，有助于模块企业集中精力进行探索性创新和开发性创新。另外，各模块的独立研发也大大降低了集群创新的复杂性，降低了创新失败的风险。模块知识的独立性使不同模块“并行研发”成为可能，提高了知识的创新速度。模块企业通过有效开展创新活动促进新产品、新技术和新服务的产生，并利用内外部的各种渠道使之进入市场实现商业化，从而对产业集群升级产生影响。由此可见，集群创新在模块化生产方式推动我国大型复杂产品制造业集群升级的过程中发挥着重要的中介作用。由此，本书提出以下假设：

H_{11a}：模块化通过集群探索性创新显著影响集群升级。

H_{11b}：模块化通过集群开发性创新显著影响集群升级。

8.5　环境不确定性的调节效应

在全球价值链的冲击下，市场的需求、技术更新和竞争策略等频繁变化，使我国大型复杂产品制造业的生存和竞争环境变得更加复杂和难以预测。面对高度动态性的环境，集群企业若一味地固守于对既有知识和产品的开发，而不能及时捕捉先机，就很容易形成核心能力僵化，逐渐被先进的技术或新的市场所淘汰（马文聪和朱桂龙，2011）。为了继续生存和建立新的竞争优势，大型复杂产品制造业集群企业必然会集中资源加大对探索性创新的投入，相应减少了对开发性创新的投入，而这一行为又客观上使大型复杂产品制造业所处的环境更加趋于动态化。

无论是市场需求还是技术发展变化，随着环境动态性程度的提高，它们都会使当前的技术、方法、产品和服务等迅速落伍（Ahuja and Lampert，2001）。因此，集群需要不断发展新能力以推动集群不断升级。由此，本书提出以下假设：

H_{12a}：环境动态性对集群探索性创新与集群升级的关系有显著的正向调节作用。

H_{12b}：环境动态性对集群开发性创新与集群升级的关系有显著的负向调节作用。

环境竞争性反映了集群所在产业的竞争者参与竞争活动的程度（Song and Parry，2009；Zhou and Li，2010）。在目前大型复杂产品制造业高竞争性环境下，集群创新活动更倾向于提高生产率、减少库存及降低成本等方面，开发性创新此时自然就成为最好的选择。有研究表明，竞争较激烈时，集群更倾向于将目标定位于现有市场，将精力致力于满足现有顾客的需求（Christensen，1997）。在面对较高的环境竞争性时，一方面，如果集群不能对探索性创新过程中所获取的成果进行快速开发，其创新成果就会被竞争者迅速模仿和扩散（Levinthal and March，1993）。这样，集群就浪费了探索性创新所花费的时间和资源。另一方面，探索性创新具有高投入、高风险特征，一旦创新失败会造成巨大损失，还可能因此失去原有的市场地位，所以处于竞争激烈环境下的集群更倾向于对开发性创新进行投入。因此，本书提出以下假设：

H_{12c}：环境竞争性对集群探索性创新与集群升级的关系有显著的负向调节作用。

H_{12d}：环境竞争性对集群开发性创新与集群升级的关系有显著的正向调节作用。

基于上述理论分析和提出的研究假设，本书构建的理论模型如图 8-1 所示，是一个有调节的中介模型。

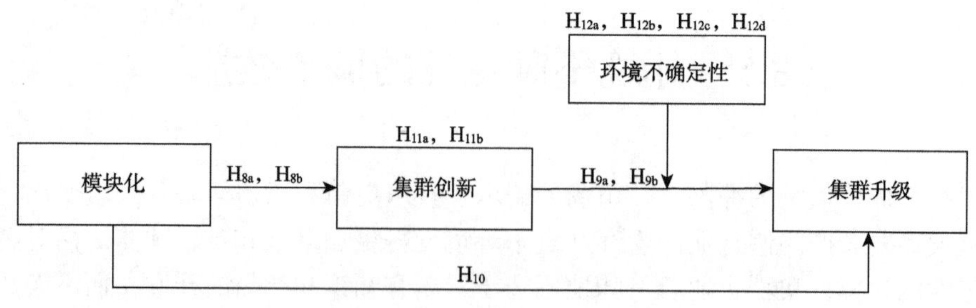

图 8-1　集群模块化升级理论模型

8.6　模型检验方法与程序

8.6.1　中介效应

考虑到自变量 X 对因变量 Y 的影响，如果 X 通过影响变量 M 来影响 Y，则称 M 为中介变量。假设所有变量都已经过中心化或者标准化处理，可用相应的路径（图 8-2）和相应的方程来说明变量之间的关系。其中，c 是 X 对 Y 的总效应；a、b 是经过中介变量 M 的中介效应；c' 是直接效应；e 表示残差。

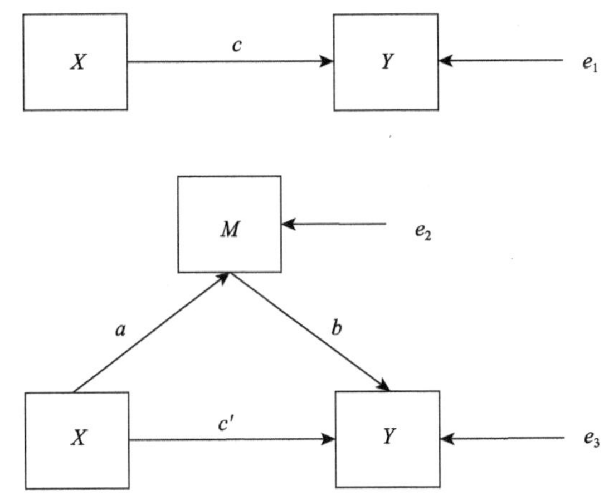

图 8-2　中介变量示意图

$$Y = cX + e_1 \tag{8-1}$$

$$M = aX + e_2 \tag{8-2}$$

$$Y = c'X + bM + e_3 \tag{8-3}$$

根据 Baron 和 Kenny 提出的判断中介效应的三个步骤，确定如下内容。

（1）做因变量对自变量的回归分析，回归系数 c 达到显著水平。

（2）做中介变量对自变量的回归分析，回归系数 a 达到显著水平。

（3）让中介变量与自变量同时进入回归方程，如果自变量回归系数的显著水平虽然下降但仍然存在显著性，则中介变量具有部分中介效应，即系数 a 显著且系数 b 显著；如果中介变量的回归系数显著，而自变量回归系数的显著水平下降到非显著状态，则称中介变量具有完全中介效应，即有了路径系数 a 和 b 后，原来显著的系数 c 变成了不显著的 c'。

假设 Y 与 X 显著相关，即 H_0：c=0 的假设被拒绝，回归系数 c 显著，通常在这个条件下考虑中介变量 M。根据温忠麟、张雷和侯杰泰等总结的中介效应的检验方法，本书得到图 8-3 中的检验程序，其既可以做部分中介效应，也可以做完全中介效应。

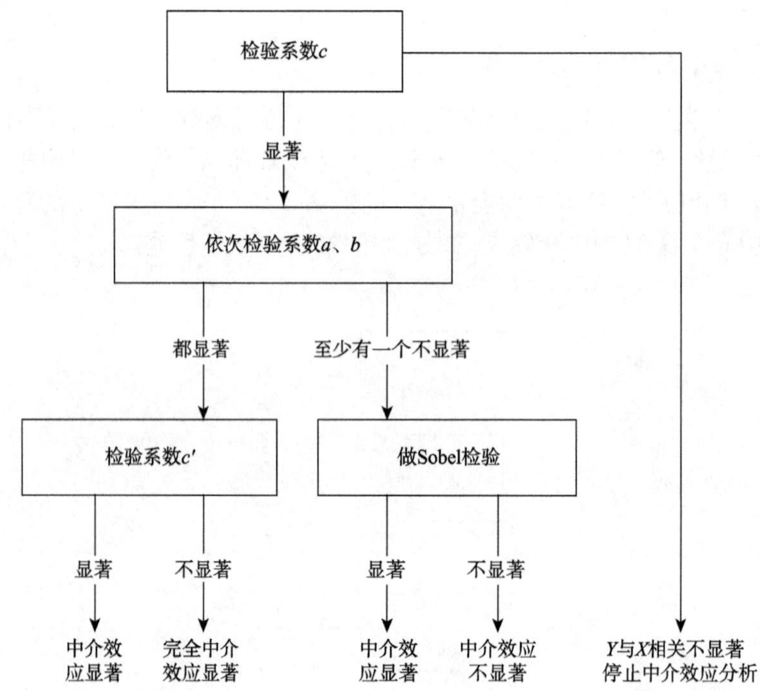

图 8-3 中介效应检验程序

图 8-3 中的 Sobel 检验的统计量是

$$Z = \frac{\hat{a}\hat{b}}{s_{ab}} \tag{8-4}$$

式中，$\hat{a}$、$\hat{b}$ 分别为 a、b 的估计；$s_{ab} = \left(\hat{a}^2 {s_b}^2 + \hat{b}^2 {s_a}^2\right)^{\frac{1}{2}}$；$s_a$、$s_b$ 分别为 $\hat{a}$、$\hat{b}$ 的标准误差。

8.6.2 调节效应

如果自变量 X 和因变量 Y 之间的关系是变量 M 的函数，称 M 为调节变量（Baron and Kenny，1986）。就是说，Y 与 X 的关系受到第三个变量 M 的影响，这种有调节变量的模型可以用图 8-4 来表示。调节变量可以是定性的，也可以是定量的，它影响自变量和因变量之间关系的方向（正负）和强弱。

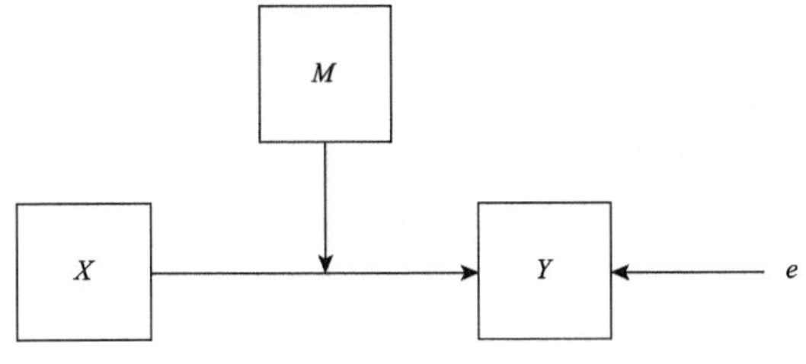

图 8-4　调节变量示意图

$$Y = f(X, M) + e \tag{8-5}$$

在分析调节效应前，通常要将自变量和调节变量中心化。本书以最简单的调节模型为例，假设 Y 与 X 存在以下关系：

$$Y = \beta_0 + \beta_1 X + \beta_2 M + \beta_3 MX + e \tag{8-6}$$

可以把上式重新写成

$$Y = (\beta_0 + \beta_2 M) + (\beta_1 + \beta_3 M)X + e \tag{8-7}$$

对于固定的 M，这是 Y 对 X 的直线回归，回归系数是 M 的线性函数。如果 β_3 显著，即 H_0：$\beta_3=0$ 的假设被拒绝，说明 M 的调节效应显著。

8.6.3　有调节的中介效应

有调节的中介模型（moderated mediation model）同时包含了中介变量和调节变量。这种模型是指自变量通过中介变量影响因变量，而中介效应在调节变量的作用下存在大小或方向上的差异（James and Brett，1984）。有调节的中介模型的核心是中介效应，所以首先应检验中介效应是否显著，其次再检验中介效应受调节变量调节的过程。

图 8-5 是一个典型的有调节的中介模型，其中 X、W 和 Y 三个变量组成简单的中介模型，U 为调节变量，调节 W 到 Y 的中介效应，UW 是有调节的中介效应项。

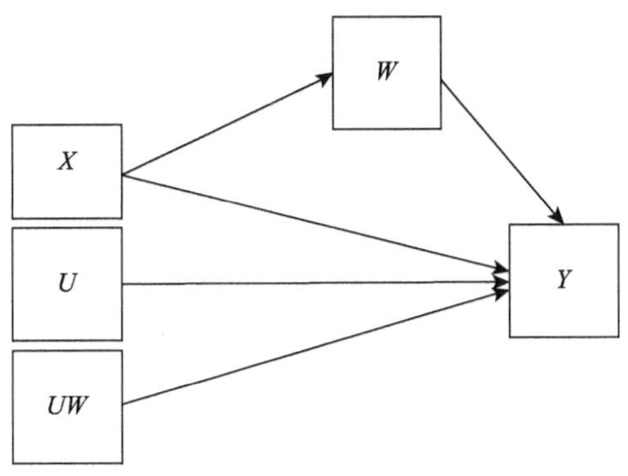

图 8-5　有调节的中介模型

以依次检验为例，结合中介效应和调节效应的检验方法，有调节的中介模型的回归检验程序如下。

（1）做 Y 对 X 和 U 的回归：

$$Y = c_0 + c_1 X + c_2 U + e_1 \tag{8-8}$$

X 的系数 c_1 显著。

（2）做 W 对 X 和 U 的回归：

$$W = a_0 + a_1 X + a_2 U + e_2 \tag{8-9}$$

X 的系数 a_1 显著。

（3）做 Y 对 X、U 和 W 的回归：

$$Y = c_0' + c_1' X + c_2' U + bW + e_3 \tag{8-10}$$

W 的系数 b 显著，说明 W 的中介效应显著。

（4）做 Y 对 X、U、W 和 UW 的回归：

$$Y = c_0'' + c_1'' X + c_2'' U + b'W + dUW + e_4 \tag{8-11}$$

UW 的系数 d 显著，说明该模型是一个有调节的中介模型。

第 9 章　集群模块化升级的实证分析

9.1　研究样本与数据

为了保证样本数据的全面性，在选择集群调查时，要尽量涵盖到不同规模的大型复杂产品制造业集群，且集群发展较为成熟。根据我国大型复杂产品制造业的实际分布，本书主要向来自东北（哈尔滨、沈阳等地）、西北（西安、汉中、兰州等地）、华北（天津）、华东（上海）、西南（成都、贵阳等地）以及华中（株洲、南昌、景德镇等地）等地 112 个大型复杂产品制造业集群发放了调查问卷。问卷对象主要是集群中核心制造商（77.5%）、当地产业发展规划部门（14.7%）和集群所在地管理委员会（7.8%）。为避免工作年限短的被调查者对问题理解的偏差，本书所选取的每个集群的调查对象都具有十年以上的工作经历，且对企业生产及企业所在的集群都比较了解，从而保证了调查问卷的质量。为了保证调查结果的可靠性，问卷发放主要是通过电话和邮件预约，采用直接访谈和邮寄方式进行数据收集，共历时 4 个月（2014 年 4~7 月）。共回收问卷 103 份，其中有效问卷 86 份，有效回收率为 76.8%，所获得的数据能够满足进一步分析的要求。

9.2　变 量 测 量

随着关于模块化实证研究的文献的逐渐增多，模块化量表的开发日益成熟。根据前人的研究，模块化分为工艺流程模块化、产品模块化和功能模块化，但由于工艺流程模块化和功能模块化较难量化，本书拟从产品模块化的角度来反映模块化对集群升级的驱动。本书引用 Tiwana（2008）的成熟量表，从整体性程度、耦合度、界面标准化、要素相互依赖关系、定制化和系统联系 6 个方面测量产品模块化构念，共包含 6 个题项。对于集群创新，从探索性创新和利用性创新两个方面来衡量，主要采用 He 和 Wong（2004）、Jansen 等（2005）使用过的成熟量表，并结合我国大型复杂产品制造业集群的特点，设计出了 11 个题项。基于 Jansen 等（2005）、Jaworski 和 Kohli（1993）的研究，结合大型复杂产品制造业所处的特殊环境，本书设计了 7 个题项来分别衡量环境动态性和环境竞争性。根据 Humphrey 和 Schmitz（2002）、Azadegan 和 Wagner（2011）、张扬（2009）的研究，本书设计出 11 项测量指标，分别测量集群的工艺流程升级、产品升级和功能升级。所有量表均采用李克特（Likert）五级计分法，数字 1~5 代表的含义是：1 代表极不同意；2 代表较不同意；3 代表一般；4 代表比较同意；5 代表完全同意。随着数字的增大，与题项内容的相符程度逐渐增大（见附录 4）。各量表的信度和效度分析结果见表 9-1。

表 9-1　变量的信度和效度分析结果

变量	题项数	α 值	KMO 值	Bartlett's 检验
产品模块化	6	0.869	0.827	Chi-Square=204.197 df=15，Sig.=0.000 因子方差累计贡献率为 61.028%
集群探索性创新	6	0.839	0.760	Chi-Square=228.708 df=55，Sig.=0.000 因子方差累计贡献率为 70.85%
集群开发性创新	5	0.813		
环境动态性	4	0.736	0.893	Chi-Square=398.303 df=21，Sig.=0.000 因子方差累计贡献率为 70.204%
环境竞争性	3	0.695		
集群升级	11	0.780	0.714	Chi-Square=356.732 df=55，Sig.=0.000 因子方差累计贡献率为 66.208%

从表 9-1 中可以看出，各量表的 Cronbach's α 值大都超过了 0.7，表明量表都具有良好的信度。效度检验方面，本书采用了其他学者用过的较为成熟的量表，并通过咨询相关领域的专家对其进行了修订，由此确保各量表具有良好的内容效度。结构效度方面，由于产品模块化不含子维度，故采用探索性因子分析方法来检验效度。产品模块化检验的 KMO 值为 0.827，六个题项的因子负荷分别为 0.602、0.719、0.686、0.717、0.545 和 0.591，提取因子的累计贡献率为 61.028%，各项指标都达到良好水平，表明产品模块化量表的结构效度较好。集群创新、环境不确定性和集群升级变量的 KMO 样本观测值也都大于 0.7，同时 Bartlett 球体检验均为 0.000，说明数据相关阵不是单位阵，具有相关性。对其进行验证性因子分析，结果显示 χ^2/df=1.096，RMSEA=0.037，GFI=0.954，NFI=0.915，CFI=0.965，IFI=0.974，AIC=46.059，BIC=84.997。可见，各项拟合指标均达到可接受水平，验证性因子分析的结果比较理想，说明量表具有良好的聚合效度和结构效度，该模型的拟合程度是可以接受的。

9.3　描述性统计分析

描述性统计分析主要是运用各变量的均值、标准差和相关系数等一般性统计方法，对产品模块化、集群创新、环境不确定性和集群升级进行描述性分析，以了解各个变量的相关情况。本书首先对未标准化的各变量进行简单的描述性统计，以此来验证理论模型和假设，结果如表 9-2 所示，它们之间大多存在着较高的相关性。

表 9-2　各变量的均值、标准差和相关性

变量	1	2	3	4	5	6	7	8	9
1.企业年龄	1.000								
2.工作职位	0.188*	1.000							
3.工作年限	0.210**	−0.014	1.000						
4.产品模块化	0.128	0.171	0.017	1.000					
5.探索性创新	−0.029	0.015	0.119	0.379***	1.000				
6.开发性创新	0.085	0.164	0.066	0.271**	0.296**	1.000			
7.环境动态性	0.065	0.195	0.103	0.362***	0.146	0.309**	1.000		
8.环境竞争性	−0.040	0.029	−0.215	0.283**	0.125	0.202	0.102	1.000	
9.集群升级	−0.105	0.057	−0.178	0.066**	0.160**	0.181**	−0.095	0.173	1.000
均值	2.877	2.945	2.315	4.623	3.934	4.343	3.825	4.489	3.981
标准差	0.780 8	1.092	0.664 1	0.409 2	0.471 2	0.353 5	0.459 6	0.412 3	0.366 5

*表示p<0.05；**表示p<0.01；***表示p<0.001

9.4　假 设 检 验

在进行分层回归之前，本书已经对中介变量集群创新（探索性创新和开发性创新）和调节变量环境不确定性（环境动态性和环境竞争性）进行了标准化处理。采用强迫进入法（enter）分四步进行回归（温忠麟等，2006）。

第一步，做因变量对自变量和调节变量的回归，若自变量的系数显著，说明自变量对因变量有显著影响。

第二步，做中介变量对自变量和调节变量的回归，若自变量的系数显著，说明自变量对中介变量有显著影响。

第三步，做因变量对自变量、中介变量和调节变量的回归，若中介变量的系数显著，说明中介效应显著。

第四步，在第三步的基础上加入中介变量和调节变量的乘积项，若其乘积项系数显著，说明该模型是一个有调节的中介模型。

为验证假设，本书将集群升级作为因变量，把产品模块化作为自变量，探索性创新和开发性创新作为中介变量，环境动态性和环境竞争性作为调节变量，同时把企业年龄、工作职位和工作年限作为控制变量，进行了层级回归分析，结果如表 9-3 和表 9-4 所示。

表 9-3　集群创新对产品模块化和环境不确定性的回归结果

研究变量	探索性创新		开发性创新	
	模型 1	模型 2	模型 3	模型 4
集群性质	−0.061	−0.060	0.011	0.010
集群规模	−0.014	−0.013	0.028	0.040
集群年限	0.095	0.102	0.019	0.051
产品模块化（M）	0.454***	0.440***	0.147**	0.172**
环境动态性（D）	0.003		0.173*	
环境竞争性（C）		0.051		0.140
R^2	0.168	0.170	0.135	0.115
Adjusted R^2	0.106	0.108	0.070	0.049
F	2.709**	2.743**	2.082*	1.745

*表示p<0.05；**表示p<0.01；***表示p<0.001

表 9-4　环境动态性的调节作用

变量	因变量：集群升级									
	模型 5	模型 6	模型 7	模型 8	模型 9	模型 10	模型 11	模型 12	模型 13	模型 14
企业年龄	−0.065	−0.062	−0.047	−0.044	−0.068	−0.064	−0.062	−0.042	−0.069	−0.073
工作职位	−0.080	−0.081	−0.076	−0.078	−0.089	−0.091	−0.052	−0.077	−0.090	−0.100
工作年限	−0.119	−0.100	−0.147	−0.129	−0.125	−0.113	−0.124	−0.129	−0.118	−0.117
产品模块化（M）	0.360**	0.295*	0.227	0.167	0.316	0.252	0.149	0.177	0.296	0.238
探索性创新（EI1）			0.293*	0.287**			0.275*	0.283*		
开发性创新（EI2）					0.301*	0.252*			0.288	0.244
环境动态性（D）	−0.041		−0.042		−0.093		0.008		−0.080	
环境竞争性（C）		0.165		0.150		0.130		0.150		0.093
D×EI1							−0.141**			
C×EI1								0.012		

续表

变量	因变量：集群升级									
	模型 5	模型 6	模型 7	模型 8	模型 9	模型 10	模型 11	模型 12	模型 13	模型 14
D×EI2									-0.028^{**}	
C×EI2										0.059^{*}
R^2	0.105	0.116	0.154	0.163	0.135	0.138	0.221	0.163	0.137	0.147
Adjusted R^2	0.038	0.050	0.077	0.087	0.056	0.059	0.137	0.073	0.044	0.055
F	1.566	1.760	1.995^{*}	2.140^{*}	1.713	1.757	2.631^{**}	1.811^{*}	1.472	1.597
df1，df2	5，67	5，67	6，66	6，66	6，66	6，66	7，65	7，65	7，65	7，65

*表示$p<0.05$；**表示$p<0.01$；***表示$p<0.001$

9.4.1　集群升级的影响因素

在表 9-3 的模型 1 和模型 2 中产品模块化对集群探索性创新均有正向预测作用，且在 $p<0.001$ 水平下显著，说明产品模块化对集群探索性创新有显著的正向影响，假设 H_{8a} 得到支持。模型 3 和模型 4 中产品模块化对集群开发性创新也都有正向预测作用，且在 $p<0.05$ 水平下显著，说明产品模块化对集群开发性创新有显著的正向影响，假设 H_{8b} 得到支持。

在表 9-4 的模型 5 和模型 6 中，产品模块化均对集群升级有显著的正向影响，支持假设 H_{10}。模型 7 和模型 8 的结果显示，集群探索性创新与集群升级之间有显著的正向相关关系，即集群探索性创新对集群升级有显著的正向影响，假设 H_{9a} 得到支持。模型 9 和模型 10 的数据显示，集群开发性创新对集群升级有正向促进作用，而且均在 $p<0.05$ 水平下显著，即假设 H_{9b} 得到支持。

9.4.2　集群创新的中介作用

在表 9-4 的模型 7 和模型 8 中，产品模块化对集群升级都有正向预测作用，说明产品模块化依然对集群升级具有促进作用；集群探索性创新对集群升级的正向影响仍达到了显著水平，说明集群探索性创新在产品模块化与集群升级之间起部分中介作用，由此揭示了产品模块化不仅直接影响集群升级，而且可以通过探索性创新对集群升级产生间接影响。假设 H_{11a} 得到支持。

在表 9-4 的模型 9 和模型 10 中，产品模块化对集群升级都有正向预测作用，说明产品模块化依然对集群升级具有促进作用；集群开发性创新对集群升级也有显著的正向影响，说明集群开发性创新在产品模块化与集群升级之间起到部分中介作用，由此揭示了产品模块化通过开发性创新对集群升级产生间接影响。假设 H_{11b} 得到支持。

9.4.3 环境不确定性的调节作用

1. 环境动态性的调节作用

表 9-4 中模型 11 的回归结果显示，集群探索性创新与环境动态性的交互项对集群升级有显著的负向效应（β=−0.141，p<0.05），即环境动态性对集群探索性创新与集群升级之间的关系具有显著的负向调节作用，调节效应的ΔR^2=0.067，额外解释了 6.7%的变异，使解释率由 15.4%提高到 22.1%，假设 H_{12a} 没有得到验证。

在表 9-4 的模型 13 中，集群开发性创新与环境动态性的交互项对集群升级有显著的负向效应（β=−0.028，p<0.05），环境动态性对集群开发性创新与集群升级之间的关系具有调节作用，调节效应的ΔR^2=0.002，额外解释了 0.2%的变异，使解释率由 13.5%提高到 13.7%，假设 H_{12b} 得到验证。具体而言，就是环境动态性能够减弱集群开发性创新在产品模块化对集群升级影响过程中所起的中介效应。

2. 环境竞争性的调节作用

在表 9-4 的模型 12 中，集群探索性创新与环境竞争性的交互项对集群升级有正向的预测作用，但是没有达到显著性水平，说明环境竞争性对集群探索性创新与集群升级之间的关系具有不显著的调节作用。假设 H_{12c} 没有得到验证。

从模型 14 可以看出，集群开发性创新与环境竞争性的交互项对集群升级有显著的正向效应（β =0.059，p<0.05），环境竞争性对集群开发性创新与集群升级之间的关系具有调节作用，调节效应的ΔR^2=0.009，额外解释了 0.9%的变异，使解释率由 13.8%提高到 14.7%。假设 H_{12d} 通过了验证。

9.5 实证结果分析

验证结果如表 9-5 所示。

表 9-5 假设检验结果

假设	检验情况
H_{8a}：模块化对集群的探索性创新有显著的正向影响	成立
H_{8b}：模块化对集群的开发性创新有显著的正向影响	成立
H_{9a}：集群探索性创新对集群升级有显著的正向影响	成立
H_{9b}：集群开发性创新对集群升级有显著的正向影响	成立
H_{10}：模块化对集群升级有显著的正向影响	成立
H_{11a}：模块化通过集群探索性创新显著影响集群升级	成立
H_{11b}：模块化通过集群开发性创新显著影响集群升级	成立

续表

假设	检验情况
H_{12a}：环境动态性对集群探索性创新与集群升级的关系有显著的正向调节作用	不成立
H_{12b}：环境动态性对集群开发性创新与集群升级的关系有显著的负向调节作用	成立
H_{12c}：环境竞争性对集群探索性创新与集群升级的关系有显著的负向调节作用	不成立
H_{12d}：环境竞争性对集群开发性创新与集群升级的关系有显著的正向调节作用	成立

从以上检验结果可知：

（1）产品模块化不仅对大型复杂产品制造业集群升级有直接的影响，而且其通过集群创新对大型复杂产品制造业集群升级还有着显著的间接影响，这说明产品模块化是大型复杂产品制造业集群升级的重要途径。

（2）集群创新（探索性创新和开发性创新）在产品模块化与大型复杂产品制造业集群升级之间起到了部分中介的作用。

（3）环境动态性对集群创新（探索性创新和开发性创新）与集群升级的关系有显著的负向调节效应；而环境竞争性对集群开发性创新与集群升级的关系有显著的正向调节作用，但对集群探索性创新与集群升级之间关系的调节作用不显著。

需要特别说明的是，假设 H_{12a} 没有通过验证，这与研究预期不一致。本书认为，集群探索性创新一般都需要投入更多的资源以及花费更长的时间，而在动态性较高的环境下，短时间内探索性创新的成果可能来不及转化，这就势必会面临较高市场风险，甚至会导致现有市场的丧失，进而阻碍了集群的升级。也就是说，环境动态性会对集群探索性创新与集群升级之间的关系起到负向调节的作用。另外，假设 H_{12c} 也未能通过验证，即环境竞争性对集群探索性创新与集群升级之间的关系没有显著的调节作用。究其缘由，本书认为与集群开发性创新相比，集群探索性创新从创新思想的形成到创新成果的转化需要花费较长的时间，而在激烈竞争的环境下，低成本和高效率的产品在短期内更具竞争优势。因此，集群探索性创新的成果在短时间内对集群升级的促进作用有限，或者说在短期内的影响不显著，但从长远来看，集群探索性创新对集群升级依然具有显著的正向影响。

第 10 章　逆向外包的内涵和形成条件

近年来，逆向外包理论为研究产业集群升级问题提供了新的理论视角和研究思路，但这方面研究刚刚起步，逆向外包的内涵在国内外还未得到统一的界定，其形成条件仍不清楚，因此本书首先从逆向外包的内涵和形成条件两个方面来阐述逆向外包理论。

10.1　逆向外包的内涵

10.1.1　逆向外包

逆向外包，又称为逆向发包、反向外包、反向发包等。徐毅和张二震（2008a）在其研究中指出发展中国家采用把资本密集型产品外包给发达国家的发展策略。同时，他们在 2008 年发表的另外一篇文章中提到了以中国为本位的外包，即中国的中间产品进口（徐毅和张二震，2008b），这是在中国经济学术界里首次提出的以中国为本位的外包战略，可以被看做“逆向外包”提法的雏形。在随后一年，刘志彪和张杰（2009）首次提出了“逆向发包”这一术语，虽然未明确界定其含义，但从获取发达国家企业的战略性和竞争性资源方面来说，他们建议发展中国家的企业可向发达国家企业发出有关高端服务业的外包订单（刘志彪，2009），这也算是对逆向发包含义的关键说明。刘丹鹭和岳中刚（2011）研究了逆向研发外包，将其明确定义为劳动力成本低的发展中国家企业反过来作为主动发包者的发包过程，并以中国为例加以阐明，认为逆向研发外包是中国企业在技术落后条件下主动利用国际分工和国外资源，提升自身技术创新能力的动态选择。孟雪（2011，2012）认为反向外包涉及离岸外包和接包方的要素流动两方面，进而指出中国处于反向服务外包研究中的发包国地位。陈启斐和刘志彪（2013）提出反向外包作为最近出现的一种现象，又称为逆向外包，其主要指低劳动力成本国家作为发包方，在发达国家雇佣员工，建立子公司或者离岸中心的战略活动。张月友和刘丹鹭（2013）认为逆向外包是当且仅当非发达国家作为发包方开展的离岸服务外包，并且揭示了逆向外包的重要特征之一在于逆向外包的发包方必须是非发达国家。他们对逆向外包做出了一般化定义，但是他们把逆向外包的行业属性定位为服务业，而不包括制造业，而结合实际情况来看，这一定义显得不够全面。孙红燕和吕民乐（2013）指出国际代工企业的逆向外包是指研发和服务外包。唐华明和吴凤羽（2014）对跨国反向服务外包下了定义，认为其是指发包企业在本土内部将自己的一部分核心业务外包给跨国服务外包提供商（接包方）的一种业务行为。同时，他们认为这一业务行为主要包括三种类型，即跨国信息技术外包、跨国技术性业务流程外包及跨国技术性知识流程外包。另外，他们还揭示了跨国反向服务外包的特点之一是发包方一般是位于资本和技术相对落后的发展中国家的企业。陈羽等（2014）认为逆向外包是对外包内涵与外延的重新解读，是价值链中低端向高端采购中间产品，突出了欠发达国家的主动性和战略性。

通过以上对逆向外包含义的梳理，可知学者们对发包国家是发展中国家或者欠发达国家这一国家属性达成了共识，并且他们也大多认为逆向外包的行业属性在于服务业。但是，一方面结合外包的生产外包和服务外包类型，另一方面结合实际情况，将逆向外包限定于服务业是不全面的，陈羽等（2014）甚至认为将逆向外包限定于服务业并没有意义。因此，逆向外包的行业属性包括制造业和服务业。

如果把这种由发达国家主导的跨国外包在方向上定义为正向，那么由发展中国家或者欠发达国家发起的，向发达国家发出订单需求的跨国生产和服务外包就称为逆向外包。逆向外包与传统外包相对，主要是指处于全球价值链中低端的发展中国家或者欠发达国家主动向位于全球价值链高端的发达国家发包，采购其中间或最终产品（服务），从而获取产业集群升级的先进技术，是发展中国家产业集群向价值链高端攀升的战略选择，最终目的是实现发展中国家产业集群升级。

因此，可以认为逆向外包是由发展中国家或者欠发达国家发起的，向发达国家发出订单需求的跨国生产和服务外包，即逆向外包是以发展中国家或者欠发达国家为本位的，在国际贸易中进行的中间或最终产品（服务）进口。由于以发展中国家或者欠发达国家为本位的外包中既有外资企业的外包，又有本土企业的外包，不能笼统地将二者都称为逆向外包。逆向一词侧重的是由经济和技术发展水平较低的国家向发达国家发起，因此逆向外包显然不仅应当排除发展中国家或者欠发达国家外资企业的外包（包括外资企业向母国企业的外包以及向落后国家的外包），而且也应当排除发展中国家或者欠发达国家本土企业向更加落后国家进行的外包，而专指发展中国家或者欠发达国家本土企业向发达国家发起的中间或最终产品（服务）外包。

那么，为什么要把逆向外包的主体限定在发展中国家或者欠发达国家的本土企业呢？本书以我国为例加以阐明。改革开放以来，我国长期致力于引进国外先进技术，本想由此获得所想和所需的核心技术，但结果是并未得到核心技术，反而让出了大量的市场份额。事实上，外国跨国企业为了抢占我国的市场份额，对核心技术采用的转移方式为内部化方式，即对位于我国的跨国子公司进行核心技术的转移，而不愿意向作为技术引进方的我国提供最先进的关键技术，这使发达国家的技术外溢作用相当有限。因此，为了扩大发达国家关键创新型技术与知识的外溢，促进发展中国家或者欠发达国家吸收其创新型技术与知识成果，逆向外包的主体必然是发展中国家或者欠发达国家的本土企业，否则难以达到逆向外包的战略目的。以国产大飞机 C919 为例，国产大飞机并不是完全国产化的大飞机，而是指中国完全拥有自主知识产权的大飞机。由于受基础产业整体实力的限制，加之民用飞机还要满足适航要求，因此真正能为大飞机提供配套的现成产品十分有限。国产大飞机的目标是国产化率要达到 30%，这也对国内的材料、电子、机载设备、加工制造等相关产业提出了迫切的升级需求。我国大飞机研发尊重市场规律，坚持统筹自主创新和开放合作，按照“主制造商-供应商”模式，面向世界尤其是发达国家开放资源，主动实施逆向外包。完全自主知识产权不等于我们不采用国外的先进技术和设备，而是我们做系统集成，国外供应商要按照我们的技术标准和要求来完成外包任务。

10.1.2 逆向外包类型

根据逆向外包业务的有形与无形特征，本书将逆向外包的类型分为两种，即逆向生产外包和逆向服务外包。逆向生产外包，是指中间产品或者最终产品的逆向外包；逆向服务外包，是指中间或者最终服务的逆向外包，主要包括咨询、培训、管理、财务、研发技术等方面的逆向外包。

大型复杂产品所需的模块化产品数量多、标准严，通过逆向生产外包（如主动向发达国家采购零部件和新材料、主动委托发达国家加工系统子模块和定制分系统等）可以从发达国家获得高质量和高规格的模块化产品。大型复杂产品技术复杂程度越高，生产过程中需要的高级生产性服务投入就越多，通过逆向服务外包（如设定产品标准，委托发达国家按标准研制产品或系统；在发达国家利用其先进的人力资源设立研发中心；与发达国家进行合作研发；并购发达国家的研发中心以及并购发达国家的品牌和营销渠道等）可以从发达国家获得大型复杂产品制造业所需的创新型研发技术等高级生产性服务。由此可见，我国大型复杂产品制造业的逆向外包业务包括了逆向生产外包和逆向服务外包两种类型。

综上，逆向外包的内涵可以理解为：发展中国家本土企业主动向发达国家发起的外包业务，主要包括逆向生产外包和逆向服务外包两种类型，体现为发展中国家主动委托发达国家加工或定制系统子模块或分系统、在发达国家设立研发中心、进行合作研发及并购研发中心等。

10.2　逆向外包的形成条件

根据文献分析，本书归纳出逆向外包形成的四个条件，具体如下。

10.2.1　产业条件

各个产业在性质和市场等各方面特点不尽相同，那么哪些产业在升级过程中适合采用逆向外包战略呢？显然，适合逆向外包的产业是资本、知识和技术密集型产业，而非劳动密集型产业，且其产品或者业务活动能够进行模块化研发和制造。

通过逆向外包，发展中国家或者欠发达国家本土企业的自主创新能力极有可能大幅提升，极可能成长为发达国家企业强有力的竞争者，甚至未来可能在高端市场上击败竞争对手，进而掌握全球价值链的控制权以及夺取全球价值链的高端地位（Elisa et al.，2005）。

大型复杂产品制造业主要包括航空、航天、大型装备制造业和大型电信设备制造业等，因其具备产品复杂程度高、技术含量高、战略意义重大等特点，在升级过程中适合采用逆向外包战略。对于作为发展中国家的我国而言，大型复杂产品制造业成为我国开展逆向外包业务、实施逆向外包战略的重要产业领域。

10.2.2　企业条件

具备逆向外包能力的企业应该是既具备一定的自主品牌研发设计能力，又掌握一定的国内外市场的终端销售渠道的领导型企业，即是某产业集群中的核心企业。以我国西安阎良国家航空产业集群为例，领导型企业是西安飞机工业（集团）有限责任公司、西安航空发动机有限公司等多家大型核心企业。他们具备一定的自主研发能力和销售渠道，然而，与波音和空客相比，仍然有很大差距。因此，可借助逆向外包战略，学习发达国家大型企业的先进研发技术和销售策略，提高自身竞争力，促进自身升级。

10.2.3　市场结构条件

大型复杂产品制造业大多受到政府保护，处于不完全竞争甚至垄断的市场结构中。陈羽等（2014）指出，逆向发包方必须有特定的宏观支持条件，可以获得垄断租金（monopolistic rents），如政府补贴、宏观政策、基础设施等，而且所处的市场具有不完全竞争的特征。

而发达国家中的接包企业处于近乎完全竞争的市场结构中，既笼罩在全球经济不景气的氛围下，又面临着激烈的市场竞争，其不得不动态地调整策略，产生接受发展中国家订单的动机，以便获得熊彼特租金（schumpeterian rents）。刘志彪（2009）认为发展中国家可以利用发达国家的市场结构特征，向发达国家重点发出研发类服务外包订单，而发达国家的企业愿意承接这种外包业务的关键点之一在于其必须处于竞争较为充分的市场结构，具备基本的接单动机和技术转移的前提。刘丹鹭等（刘丹鹭和岳中刚，2011；张月友和刘丹鹭，2013）都认为激烈的市场竞争使具有高端技术服务能力的发达国家的接包方恰好愿意接受订单，如此，既增加就业岗位又提高利润。陈羽等（2014）也认为发达国家企业作为接包商，其处于竞争较为充分的市场结构中，面临逆向外包中间产品市场的竞争时，进入逆向外包具有重要和积极的意义。

我国大型复杂产品制造业一直以来受到政府的支持与保护，处于不完全竞争甚至可以说是垄断的市场结构中，而发达国家的大型复杂产品制造业处于激烈的市场竞争中。因此，不管是我国大型复杂产品制造业，还是发达国家的大型复杂产品制造业，都能从逆向外包中获益。

10.2.4 市场容量条件

逆向发包国广阔的市场容量，尤其是高端市场容量，一方面是发展中国家领导企业实现规模经济、提高产品设计与研发能力、增强高级要素能力、进行创新活动的动力，即国家内需引致的创新动力，另一方面也为全球金融危机背景下仍然处于激烈竞争中的接包方企业提供了市场机会和收益可能性。

刘志彪（2009）提倡发展中国家可以利用其市场规模优势向发达国家开展逆向外包活动。刘丹鹭等（刘丹鹭和岳中刚，2011；张月友和刘丹鹭，2013）都表示逆向外包需要具备的前提条件之一是发展中国家具备潜力巨大的市场，也即具备旺盛的内需。陈羽等（2014）认为国内市场是逆向发包方竞争力来源之一。由此可知，发展中国家或者欠发达国家作为逆向发包国，其广阔的市场前景为逆向发包方与逆向接包方取得合作意愿、达成合作行为、走向双赢局面提供了十分有利的条件。仅以我国航空产业为例，中国商飞公司 2010~2029 年市场预测年报显示，到 2029 年，全球共需要 30 233 架干线和支线飞机，其中双通道飞机 6 916 架，单通道飞机 19 921 架，涡扇支线飞机 3 396 架，总价值近 3.4 万亿美元。预计到 2029 年中国市场需要 3 750 多架大型客机。其中，中国航空运输市场对民用飞机的需求最为强劲，共需补充各型民用飞机 4 439 架，其中 150 座级单通道客机 2 950 架、双通道喷气客机 802 架，涡扇喷气支线客机 687 架，总价值超过 4 500 亿美元。可见，我国的市场容量广阔，可以为我国大型复杂产品制造业实施逆向外包战略提供有利的市场条件，也能吸引发达国家积极参与我国在大型复杂产品制造业中开展的逆向外包活动行为。

从以上逆向外包形成的四个条件来看，我国大型复杂产品制造业完全具备开展逆向外包的条件，因此我国大型复杂产品制造业集群实施逆向外包战略、开展逆向外包业务是可行的，并且极有可能从逆向外包中获取集群升级所必需的互补性资源，有效促进集群升级。

第 11 章　基于逆向外包的集群升级及其特点

11.1　基于逆向外包的集群升级

产业集群一方面既需要外延式发展，扩大集群规模、提高产品市场占有率及向全球价值链高端攀升，又需要内涵式发展，优化产业集群结构、提升产业集群创新技术水平、增强产业集群整体质量；另一方面也需要通过焦点企业的业务、知识及政治网络嵌入，实现价值创造能力的提升，尤其是技术和市场能力的提升，从而促进焦点企业升级带动产业集群内各要素的相互作用及结构优化，进而实现整个产业集群良性发展与升级。

由此，基于全球价值链理论，本书认为产业集群升级可以被描述为：产业集群依靠自身优势，通过吸引价值链主导企业加入集群、促进价值链各环节各企业的交互、重新定位价值链角色，以维持、捕捉和创造价值，开拓新市场、新价值链及实现向全球价值链的更高环节跨越与攀升。可以说，产业集群升级从本质上讲是价值创造能力向更高能级迈进的过程，也就是说，集群由于其创新能力的不断提高以及关键要素的不断累积，推动其在所处价值链中的位置由弱势地位提升到强势地位，具体表现为通过嵌入全球价值链提升技术研发设计能力、制造能力和营销能力，实现产品或工艺流程的突破，产出有更高附加值的产品，进入有更高附加值的市场及有较高准入壁垒的市场。

因此可以发现，产业集群升级与技术创新能力和技术创新绩效的提升密不可分。创新是产业集群升级的源动力（吴白云等，2014），那么产业集群升级就是依托于集群内企业创新活动而完成的产业结构与知识创新能力的提升。

通过以上国内外研究中关于产业升级以及产业集群升级含义的梳理与评述，本书结合全球价值链理论、国家价值链理论、模块化理论及逆向外包理论，认为基于逆向外包的大型复杂产品制造业集群升级的含义为：大型复杂产品制造业集群在全球分工体系下，通过逆向生产外包和逆向服务外包，提升集群技术创新绩效，实现集群在全球价值链中地位的提升。

11.2　基于逆向外包的集群升级的特点

Humphrey 和 Schmitz（2000）于 2000 年首次提出了升级的四种类型，分别为过程升级（也被译为工艺流程升级）、产品升级、功能升级和价值链升级（也被译为链条升级、部门间升级或者跨部门升级）。与此同时，也有学者根据现实情景和行业特点对已有的四种升级类型进行了扬弃。朱海燕（2009）基于全球化的背景以及集群之间的残酷竞争事实，在其研究中采纳全球价值链的研究视角，将集群升级类型区分为工艺流程升级、产品升级、功能升级和部门间升级，再结合发展中国家集群几乎未出现部门间升级迹象的集群发展实际，最终确定在其研究中主要考虑工艺流程升级、产品升级和功能升级三种升级类型。

因此，本书基于全球价值链理论，结合我国大型复杂产品制造业集群中未出现跨部门升级的发展实际，把我国大型复杂产品制造业集群升级的类型分为工艺流程升级、产品升级和功能升级三种。其中，工艺流程升级是指集群现有工艺流程的效率得到提高，主要表现为集群改进和创新生产工艺或者生产组织的速度有所提高，集群现有生产设备和生产工艺的技术水平比几年前更先进，集群目前的生产组织方式比几年前更合理，以及集群目前的生产成本比几年前更低等。产品升级是指集群产品创新研发速度和质量得到提升，主要表现包括：集群成功推出的新产品种类比几年前更多，集群成功推出新产品的速度比几年前更快，以及集群目前产品的技术含量比几年前更高等。功能升级是指集群从已有的制造功能转向设计功能或市场功能，具体表现包括：集群已经积累了较强的设计能力，可按需求进行产品研制；集群已经从制造环节扩展到营销环节；集群已经把物流环节纳入业务范围；集群已经开拓了自主品牌和终端销售市场等。

因此，大型复杂产品制造业集群升级的内涵可以理解为：大型复杂产品制造业集群在全球分工体系下通过逆向生产外包和逆向服务外包，提升集群技术创新绩效，实现集群整体工艺流程升级、产品升级和功能升级。

基于逆向外包的集群升级的特点如下。

1. 以我为主

资本密集型和技术复杂度高的系统集成商与模块供应商共同配合。在一般制造业集群升级过程中，也存在系统集成商和模块供应商的共同配合，但是其资本密集程度和技术复杂程度远远低于大型复杂产品制造业集群的升级要求。大型复杂产品制造业集群在升级过程中既依赖系统集成商所具备的雄厚的资本能力、极其复杂的核心技术及强大的集成能力，也依赖模块供应商所具有的复杂程度高的核心技术和快速响应的配套能力。大型复杂产品制造业集群中的核心企业通常扮演着系统集成商的角色，主导着众多的模块供应商，在价值链中占主导地位。核心企业首先设计整个产品，其次对整个产品的结构和功能进行模块化分解，并对各个模块设立标准。模块供应商按照相应的模块标准进行独立而详细的设计和研制，并负责该模块的售后服务。最后核心企业将各个模块集成在一起。因此，大型复杂产品制造业集群在工艺流程升级、产品升级和功能升级的过程中，相互配合、协调一致、具备强大资金实力、技术复杂程度高的系统集成商与模块供应商毫无疑问是区别于其他一般制造业集群的主体性特点。在逆向外包中，我国大型复杂产品制造业集群中的核心企业是系统集成商，而发达国家的接包企业是模块供应商，集群借助逆向外包进行升级自然就具有战略上的主动性和主导性。

2. 技术创新

大型复杂产品制造业集群升级是以技术创新为动力源的。大型复杂产品的科技含量较高，对研发水平要求也很高（Chiaroni and Chiesa，2006），因此作为典型的高技术产业集群，大型复杂产品制造业集群在升级的过程中尤其依赖技术创新和协同研发。逆向外包能促进技术创新源涌入，从而促进技术创新能力的提升和集群技术创新绩效的提高，继而推动大型复杂产品制造业集群升级。

3. 嵌入价值链

作为全球一体化产业集群，大型复杂产品制造业集群的不同价值链环节分布于全球不同区域。因此，在升级过程中需要构建“以我为主”的国家价值链和提高在全球价值链中的地位。我国大型复杂产品制造业集群既位于生产者驱动型全球价值链（producer-driven global value chains，P-GVC）（刘志彪，2009）中，又位于生产者驱动型国家价值链（producer-driven national value chains，P-NVC）中，具有资本和技术密集型特点。通过逆向外包，一方面，可以制定相关的功能指标和接口标准，向发达国家企业发出高端研发订单，并由此习得发达国家的竞争性技术和资源，促进我国大型复杂产品制造业的升级；另一方面，可以借助那些高端技术资源促进我国大型复杂产品制造业的独立研发能力，在构建和强化国家价值链中的“链主”地位的同时，逐渐打破外国的技术垄断和封锁，向全球价值链高端攀升。

4. 逐步积累

逆向外包所体现的是全球化的产品内分工，它使我国大型复杂产品制造业升级的形式不再表现为完整的价值链升级，而是对某一具体环节、生产的工艺流程等的专业化和精细化，因此基于逆向外包的大型复杂产品制造业集群升级在形式上表现为某一产品功能、某一工艺流程、某一产品技术特征的升级。虽然基于逆向外包的大型复杂产品制造业集群升级在形式上可能不具有完整性，但通过上述过程的逐步积累，不断在逆向外包中实现“干中学”效应，最终能够推进集群整体向价值链高端迈进。

第 12 章　基于逆向外包的集群升级理论假设

逆向外包理论与战略的逐步兴起为我国大型复杂产品制造业集群升级提供了新的研究视角和战略方向。作为逆向外包理论的核心概念，逆向外包是我国大型复杂产品制造业集群升级的一种策略，也是促进我国大型复杂产品制造业集群升级的关键性变量。创新对集群升级的积极作用已被大家所认同，技术创新作为创新的重要部分，对我国大型复杂产品制造业集群升级的推动作用尤其突出。因此，我国大型复杂产品制造业集群的技术创新绩效也应作为集群升级的重要性变量。与此同时，知识吸收能力作为集群消化吸收外部知识与信息的重要能力，显然有利于加强逆向外包与集群技术创新绩效之间的正向联系。

然而，现有研究缺乏从逆向外包角度深入分析我国大型复杂产品制造业集群的升级问题，也较少揭示其中可能存在的中间路径与作用机制，尽管对升级中集群技术创新绩效的重要作用关注较多，也并没有将逆向外包、知识吸收能力、集群技术创新绩效和集群升级四者纳入同一框架对变量间的关系进行深入剖析，同时也缺乏在这方面的实证分析与检验。

因此，针对以上研究缺口，本书在逆向外包的内涵与形成条件，以及大型复杂产品制造业集群升级的内涵与特点的基础上，深入探讨逆向外包对我国大型复杂产品制造业集群升级的作用路径，将逆向外包、知识吸收能力、集群技术创新绩效和集群升级纳入同一研究框架，主要研究逆向外包对我国大型复杂产品制造业集群升级产生的影响，分析集群技术创新绩效在逆向外包和集群升级之间所起的中介作用，以及探讨知识吸收能力对逆向外包与集群技术创新绩效之间关系的调节作用，以厘清基于逆向外包的大型复杂产品制造业集群升级机理。

12.1　逆向外包与集群升级

通过逆向外包，企业可以寻求高级生产要素，实现价值链的提升（Kale et al., 2009）。发展中国家企业主动向发达国家进行逆向外包，具体而言即发展中国家向发达国家企业发出各类现代服务业订单，其中以高端的研发类服务逆向外包订单为重点，能够获取到发达国家企业先进的竞争性技术和战略性资源，以促进发展中国家的产业升级（刘志彪，2009）。逆向研发外包既是实践中出现的新的外包形式，也是发展中国家本土企业成长及升级的战略选择（刘丹鹭和岳中刚，2011）。逆向外包有助于促进跨国公司向东道国的技术转移程度（An et al., 2011），并通过获得在位权、横向拓展、纵向拓展、链间超越四种逆向外包策略以促进发展中国家的产业升级（陈羽等，2014）。逆向外包是一种发展中国家集聚全球创新资源的新形式，其开展的前提条件基本符合我国企业现状，因此，开展逆向外包有利于我国本土企业的升级（张月友和刘丹鹭，2013）。跨国逆向服务外包是新时代的产物，其理论将指引着我国制造业企业在跨国服务贸易中提升产业价值链地位（唐华明和吴凤羽，2014）。同时，逆向服务外包可以显著地促进我国制造业价值链提升（陈启斐和刘志彪，2013）。

由此可知，逆向外包在发展中国家企业及产业升级中扮演着重要角色，此外，其也在发展中国家产业集群升级中发挥着重要作用。发展中国家的集群通过与全球采购商的互动，可以逐步获取知识和能力，在赶超的过程中实现集群自身的升级（戴维奇等，2013）。作为集群的主体，集群企业不仅要与国内异地企业互动，而且在条件成熟的情况下应该积极实施“走出去战略”，通过国际技术合作，提升技术能力，完成集群企业的转型升级（戴维奇等，2013）。集群企业得到升级最终会推动集群整体实现升级。逆向外包战略正是发展中国家“走出去”战略的有效途径之一。在全球分工体系下的逆向外包能够给发展中国家的产业集群带来新的信息与知识，有利于集群获取更加高级的异质性技术知识，推动集群能力的提升和集群整体性升级。集群企业主要是通过自主开发与引进吸收的纵向方式以及组织间的合作、兼并和学习的横向方式，实现新的技术能力积累和技术能力的增强（梅述恩和聂鸣，2007），进而实现集群企业的升级。我国大型复杂产品制造业集群核心企业与全球价值链中的主导企业存在一定的技术能力差距。在纵向方式下，我国大型复杂产品制造业集群核心企业通过逆向生产外包和逆向服务外包，积极主动地学习主导企业的先进技术，实现模仿创新和自主创新，提高自身技术能力，实现集群整体性升级；在横向方式下，我国大型复杂产品制造业集群核心企业通过逆向生产外包和逆向服务外包，实现与主导企业的研发合作，一方面消化和吸收主导企业开发的工艺流程和产品技术，另一方面通过知识的溢出效应和互动学习实现合作创新，获得持续技术增长，推动集群整体性升级。据此，本书提出以下假设：

H_{13}：逆向外包对我国大型复杂产品制造业集群升级具有显著的正向影响。

H_{13a}：逆向生产外包对我国大型复杂产品制造业集群升级具有显著的正向影响。

H_{13b}：逆向服务外包对我国大型复杂产品制造业集群升级具有显著的正向影响。

12.2 逆向外包与集群技术创新绩效

现有文献揭示了外部知识获取对企业技术创新绩效的积极作用。Lundvall（1992）、Breschi 和 Malerba（2001）指出企业与不同外部主体之间持续的交互学习有利于促进企业技术创新绩效的提高；Katrak（1997）认为外部知识获取能够有效降低研发风险和研发成本；Baptista 和 Swann（1998）、Cooke 和 Morgan（1998）发现大多数企业较少进行独立研发，它们主要借助与外部主体建立的强联系来实现新产品或新工艺的开发；Chesbrough（2003）强调了外部知识在开放式创新中对企业技术创新过程具有重要影响；Oyelaran-Oyeyinka 和 Lal（2006）也认为企业进行渐进性技术变革与创新的有效途径在于获取外部知识；郭京京（2014）论证了深度优先和广度优先的外部知识获取策略对产业集群中企业技术创新绩效的积极影响。因此，从外部知识获取角度来看，逆向外包是大型复杂产品制造业集群获取外部知识的有效途径和策略。我国大型复杂产品制造业集群通过逆向生产外包和逆向服务外包，尤其是通过逆向研发外包，一方面可以直接利用发达国家先进的人力资源和高端技术等外部知识提高集群的技术创新绩效，另一方面可以将逐渐习得的研发技术等外部知识与集群内部知识整合起来，从而创造更高的集群技术创新绩效。正如 Cassiman 和 Veugelers（2006）指出的那样，集群同时进行内部研发与外部知识获取有利于具备更高的技术创新绩效。

另外，国际化已成为新兴经济发展国家克服后发劣势、实现创新追赶的开放式创新战略（Luo and Tung，2007；吴航等，2012），企业国际化对技术创新绩效具有显著的正向影响（岳中刚，2014）。逆向外包作为我国大型复杂产品制造业集群国际化的有效战略，可以从中获得更多向发达国家学习的机会，从而丰富集群的知识结构，提升集群的技术创新绩效。我国拥有广阔的市场前景，以合作研发设计、共享市场规模收益的方式，集群可以充分地吸收发达国家的先进知识技术，提高整体性学习能力，从而使创新机能得以内生化，最终实现技术创新绩效的提升。逆向生产外包具体表现为大型复杂产品制造业集群向发达国家采购零部件和新材料等中间产品、主动委托发达国家加工系统子模块及定制分系统等，它们将有利于我国大型复杂产品制造业集群技术创新绩效的提高。而逆向服务外包具体表现为设定大型复杂产品标准，委托发达国家按标准研制产品或系统；在发达国家利用其先进的人力资源设立大型复杂产品研发中心；与发达国家进行大型复杂产品的合作研发；并购发达国家大型复杂产品研发中心、品牌及营销渠道等，这些将促进集群技术创新绩效。逆向研发外包中的设立海外研发中心和海外并购能够显著地提升技术创新绩效（徐康宁和冯伟，2010）。据此，本书提出以下假设：

H_{14}：逆向外包对我国大型复杂产品制造业集群技术创新绩效具有显著的正向影响。

H_{14a}：逆向生产外包对我国大型复杂产品制造业集群技术创新绩效具有显著的正向影响。

H_{14b}：逆向服务外包对我国大型复杂产品制造业集群技术创新绩效具有显著的正向影响。

12.3　集群技术创新绩效与集群升级

有较多文献发现产业升级与创新高度正相关。Elisa 等（2005）认为由创新带来的附加值增加即为升级；An 等（2011）指出利用高科技，在技术流程中进行创新，可以提高效率、降低成本、提高产品的附加值以促进产业升级；徐康宁和冯伟（2010）指出我国产业升级的关键在于企业形成创新能力以及加快实现技术创新；李宇和林菁菁（2013）认为创新是产业升级的内在驱动要素，经过技术集成后的产品终端有利于突破“低产业化”的产业升级瓶颈；许树辉和谷人旭（2013）揭示出技术创新是区域产业升级的重要支撑力和推动力；牟绍波等（2013）认为开放式创新是装备制造业升级的源动力。

此外，Humphrey 和 Schmitz（2002）认为创新活动的积极扩散促使产业集群嵌入全球价值链的新环节或者持续进入更加复杂的价值链环节，从而实现产业集群升级；吉敏和胡汉辉（2011）认为集群企业技术创新能力的提升是产业集群升级的微观基础和根本动力；方文超和马怀礼（2013）指出产业集群升级的本质是集群创新能力的不断获取和提升；吴白云等（2014）揭示出创新是产业集群升级的源动力，依托于集群内企业创新活动而完成的产业结构与知识创新能力的提升能够促进产业集群升级。因此，创新对产业升级或者产业集群升级的促进作用毋庸置疑。有研究表明集群科技创新是影响陕西航空产业集群绩效发展的关键影响因素（郭莹，2010；周炯和杨平儿，2011；杨瑾和王文苑，2013），创新基础薄弱是珠海航空产业集群发展存在的问题之一（李瑛珊，2014）。又由于我国大型复杂产品制造业集群具有复杂技术密集型的特点，因而可以说，集群技术创新是影响我国大型复杂产品制造业集群升级的关键因素。

刘兰剑（2014）指出，在国外的文献中，常用“innovative performance”和“innovation success”两个术语来描述企业的技术创新结果，而在国内的文献中“创新绩效”大多被作为评价企业技术创新活动的术语。尽管在大多数文献中创新绩效即技术创新绩效，但由于创新绩效还包括管理创新绩效、经营创新绩效、制度创新绩效等，所以文中采用“技术创新绩效”这一术语来描述技术创新结果。显然，集群技术创新绩效越高，越有利于我国大型复杂产品制造业集群的升级。因此，提出以下假设：

H_{15}：我国大型复杂产品制造业集群技术创新绩效对我国大型复杂产品制造业集群升级具有显著的正向影响。

12.4 集群技术创新绩效的中介作用

徐康宁和冯伟（2010）认为与国外企业共同参与研发设计、共享市场规模收益可以提升技术创新绩效，这种基于本土市场规模的内生化合作创新适用于大规模制造的现代产业，是我国产业升级的一种战略选择。而我国大型复杂产品制造业作为大规模、小批量制造的现代产业之一，适合采用逆向外包战略。产业集群作为我国大型复杂产品制造业形成和发展的普遍与主流形式，其升级有赖于集群的技术创新绩效，而集群的技术创新绩效的提高途径之一有赖于集群实施的逆向外包战略以及开展的逆向外包业务。因此，逆向生产外包和逆向服务外包促使集群的技术创新绩效有所提高，而集群技术创新绩效的提高有助于实现集群升级。据此，本书提出以下假设：

H_{16}：大型复杂产品制造业集群技术创新绩效在逆向外包与集群升级之间起着中介作用。逆向外包通过提高集群的技术创新绩效促进集群升级。

H_{16a}：大型复杂产品制造业集群技术创新绩效在逆向生产外包与集群升级之间起着中介作用。逆向生产外包通过提高集群的技术创新绩效促进集群升级。

H_{16b}：大型复杂产品制造业集群技术创新绩效在逆向服务外包与集群升级之间起着中介作用。逆向服务外包通过提高集群的技术创新绩效促进集群升级。

12.5　知识吸收能力的调节作用

12.5.1　知识吸收能力的概念与维度

Cohen 和 Levinthal（1990）开创性地提出了知识吸收能力的概念。他们把评估、吸收、消化新的外部知识与信息价值，并最终应用于商业终端的能力称为知识吸收能力。随后，Mowery 和 Oxley（1995）将知识吸收能力定义为能够处理外部获取的隐性知识，并对其吸收后加以修正的一组广泛性技能。Zahra 和 George（2002）则认为知识吸收能力是实现外部知识获取、消化、转换及利用的一系列过程和组织惯例及规范。

同时，学者们把学习与知识吸收能力联系起来，丰富了知识吸收能力的含义。例如，Lane 和 Lubatkin（1998）将知识吸收能力定义为一个公司通过三个连续的过程从外部环境中利用知识的能力：一是通过探究性学习对新的具有潜在价值的外部知识的认同和理解；二是通过变革性学习对有价值的新知识的吸收；三是通过探索性学习运用已吸收的知识创造新知识。他们认为知识吸收能力存在于组织间的互动合作中，是一种跨组织间互动学习的相对吸收能力，应在学习对偶——“学生”组织与“老师”组织相互关系上加以衡量；罗顺均（2015）认为知识吸收能力是一种随着企业技术发展阶段的不同而持续调整的动态能力，并通过案例研究了与吸收能力相动态匹配的“引智”学习方式。

此外，学者们从内外部知识整合的角度阐释了知识吸收能力的含义。例如，Arbussà 和 Coenders（2007）认为知识吸收能力既包括对新技术外部环境的扫描能力，又包括将外部新知识整合到内部创新过程中的能力；林春培和张振刚（2014）把横跨组织边界整合内外信息和知识的能力叫做知识吸收能力，他们认为知识吸收能力在本质上是企业基于先前知识利用外部知识的动态过程；进一步，潘宏亮（2015）指出获取、消化、整合、开发新知识的能力即知识吸收能力，主要过程是将外部知识资源通过高效获取、消化和转换，与既有知识存量进行整合，形成新的创新能力，获得较高附加值，实现向价值链高端攀升；邹波等（2015）结合广度知识和深度知识的特点提出并证实了广度知识吸收能力与深度知识吸收能力的概念，丰富了知识吸收能力的内涵。

从以上文献可知，知识吸收能力的含义已在国内外研究中达成共识，主要有两点：第一，知识吸收能力是一个贯穿知识识别到商业化应用整个过程及结果的动态概念，是过程和结果的集合变量；第二，知识吸收能力强调将外部新知识与内部已有知识整合在一起，共同发挥作用。因此，基于这两点共识，本书认为知识吸收能力是识别、获取、消化外部新知识、信息与技术，并与已有的知识、信息、技术相整合，最终实现商业化应用及产出的能力。

目前，学术界还未形成一致的知识吸收能力维度划分。Zahra 和 George（2002）把知识吸收能力分为潜在知识吸收能力和现实知识吸收能力，其中知识获取和消化能力构成了潜在知识吸收能力，知识转换和利用能力构成了现实知识吸收能力。进一步，王朝晖（2014）认为潜在知识吸收能力和现实知识吸收能力相互独立又彼此补充，一方面，企业获取新知识后才能利用新知识；另一方面，企业能获得和吸收外部新知识，但不一定具有利用和改造新知识的能力。马淼森和赵敏（2014）、辛冲和郭鑫（2014）将知识吸收能力细分为知识获得、消化、转化及应用能力四个维度，进而将四个维度归为两部分，即潜在吸收能力（获得和消化能力）和实际吸收能力（转化和应用能力）。

针对一些学者忽视了新知识的识别能力的现象，Todorova 和 Durisin（2007）把识别新知识价值作为优先于知识获取、消化、转换与利用能力的首要维度。del Carmen Haro-Domínguez 等（2007）在实证研究中调整了知识吸收能力的维度划分，主要是合并了消化能力和转化能力。罗顺均（2015）基于动态过程视角把知识吸收能力划分为知识识别与获取能力、知识理解与消化能力及知识转化与应用能力三个维度。

考虑到维度划分时相互独立以及简洁的原则，本书遵循罗顺均学者关于知识吸收能力的三维度划分，即把知识吸收能力划分为知识识别与获取能力、知识理解与消化能力及知识转化与应用能力。具体到大型复杂产品制造业集群，知识识别与获取能力是指其跨越集群已有的知识在外部识别、评估、搜寻及取得有价值的产品、工艺及技术等方面知识的能力；知识理解与消化能力指其对获得的新知识的分析、解释及掌握的能力；知识转化与应用能力是指其将获取的新知识与现有知识整合在一起，进行原有产品的进一步开发与新产品开发等商业化应用，以及实现商业化产出的能力。知识吸收能力可以使我国大型复杂产品制造业集群较好较快地学习、消化、转化并应用发达国家的先进技术，从而使集群更有效地配置和利用新技术，实现新技术价值的转化和商业化产出，进而增强集群自身的能力，促进集群升级。

12.5.2 知识吸收能力的调节作用

有学者借助实证分析验证了知识吸收能力对创新绩效的调节作用，如 Escribanoa 等（2009）研究发现知识吸收能力在企业搜寻外部知识和创新绩效之间起着正向调节作用；陶锋（2011）发现代工企业的知识吸收能力对知识溢出和创新绩效的关系具有正的调节效应，即吸收能力增强了外部知识溢出对创新绩效的促进作用；郑华良（2012）发现知识吸收能力在外地搜寻宽度、深度和集群企业创新绩效的关系中起着显著的正向调节作用；侯广辉和张键国（2013）发现知识吸收能力中的知识应用能力正向调节纵向关系中资本与技术创新绩效之间的关系；万坤扬和陆文聪（2014）论证了老牌企业的知识吸收能力对公司创业投资组合公司数量与老牌企业技术创新之间的关系有着积极的调节作用；陈志军和缪沁男（2014）发现知识吸收能力对外部创新源与创新绩效之间的关系起着正向调节作用；刘洪伟和何美丽（2015）发现知识吸收能力对企业联盟组合成员多元化与突破性创新绩效的调节作用较弱。

逆向外包对大型复杂产品制造业集群的技术创新绩效有着重要作用，然而，并非所有逆向外包活动所包含的技术知识都能被我国大型复杂产品制造业集群合理有效地利用。集群固有的知识吸收能力是识别与获取、理解与消化、转化与应用逆向外包活动所获得的高端技术知识的前提和保证，拥有更好知识吸收能力的集群能从逆向外包中获得更大的好处。知识吸收能力是知识整合、技术提升的关键（王诗翔等，2014），它起到了整合大型复杂产品制造业集群内部和外部知识的作用。这种知识吸收能力说明大型复杂产品制造业集群有能力利用逆向外包中的新知识并将其转化为对集群创新有用的内生化知识，从而生成新的知识与能力，继而提高集群的技术创新绩效。较强的知识吸收能力能促使大型复杂产品制造业集群较快地从逆向外包中识别并吸收与自身互补的知识、资源及创新成果，将它们的价值与内部价值相整合与融合，应用于内部研发过程中进行商业化运作，以便较好地提升集群技术创新绩效。总之，较强的知识吸收能力能更有效地、程度更高地识别与获取、理解与消化、转化与应用逆向外包活动所产生的高端技术知识价值，更能提高大型复杂产品制造业集群的技术创新绩效。岳中刚（2014）研究表明，知识吸收能力对逆向研发外包中的海外研发中心设立或者海外研发合作与技术创新绩效的正向关系具有显著的正向调节作用。

可以说，大型复杂产品制造业集群逆向外包中的新知识从内部化再到创新的过程受到集群知识吸收能力的影响，即逆向外包对集群技术创新绩效的影响受到集群本身的知识吸收能力的调节，也即知识吸收能力会改变逆向外包与集群技术创新绩效之间关系的方向和强度。知识吸收能力越强，逆向外包越能提升大型复杂产品制造业集群的技术创新绩效。具体而言，知识吸收能力越强，说明对外部知识进行识别、理解、消化与商业化应用的能力也就越强，那么集群就能在逆向外包的过程中更有效地从在发达国家获取的知识溢出中获益，提高技术创新速度和质量，提升集群技术创新绩效。因此，本书认为大型复杂产品制造业集群自身的知识吸收能力增强了逆向外包对集群技术创新绩效的促进作用，即大型复杂产品制造业集群自身的知识吸收能力可以正向调节逆向外包和集群技术创新绩效之间的关系。据此，本书提出以下假设：

H_{17}：知识吸收能力对逆向外包与大型复杂产品制造业集群技术创新绩效之间

的关系具有调节的作用。知识吸收能力越强，逆向外包与集群技术创新绩效之间的正向联系就越强。

H_{17a}：知识吸收能力对逆向生产外包与大型复杂产品制造业集群技术创新绩效之间的关系具有调节的作用。知识吸收能力越强，逆向生产外包与集群技术创新绩效之间的正向联系就越强。

H_{17b}：知识吸收能力对逆向服务外包与大型复杂产品制造业集群技术创新绩效之间的关系具有调节的作用。知识吸收能力越强，逆向服务外包与集群技术创新绩效之间的正向联系就越强。

在以上的论述中，本书假定：①大型复杂产品制造业集群技术创新绩效在逆向外包与集群升级之间起着中介的作用；②知识吸收能力会调节强化逆向外包对集群技术创新绩效的正面影响，但并不会影响集群技术创新绩效与集群升级之间的正向关系。根据这些假定，本书可以进一步推论，知识吸收能力越强，逆向外包通过集群技术创新绩效进而对集群升级产生的正面效应就越强。也即知识吸收能力越强，集群技术创新绩效在逆向外包与集群升级之间所起的中介效应就越强。由此，本书提出以下假设：

H_{18}：知识吸收能力越强，大型复杂产品制造业集群技术创新绩效在逆向外包与集群升级之间所起的中介效应就越强。

H_{18a}：知识吸收能力越强，大型复杂产品制造业集群技术创新绩效在逆向生产外包与集群升级之间所起的中介效应就越强。

H_{18b}：知识吸收能力越强，大型复杂产品制造业集群技术创新绩效在逆向服务外包与集群升级之间所起的中介效应就越强。

因此，本书的理论模型如图 12-1 所示。

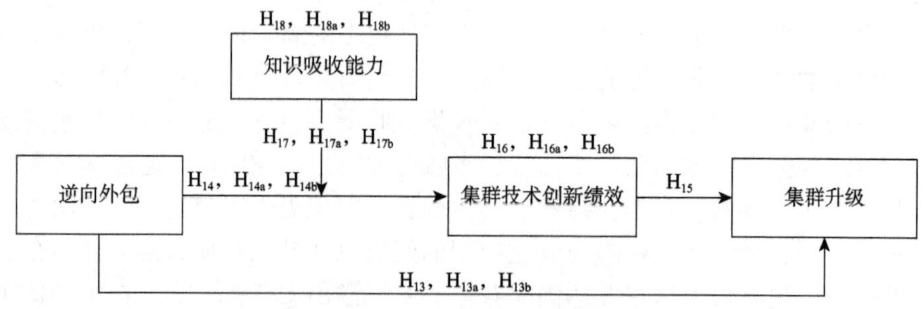

图 12-1 基于逆向外包的集群升级理论模型

第13章　基于逆向外包的集群升级实证分析

13.1　研究样本

为了保证所调研的对象都属于大型复杂产品制造业集群，本书根据 Mike（1998）对复杂产品系统的定义以及大型复杂产品的特点，将调研的对象严格限定在我国航空制造业集群（西安和成都等地）、航天制造业集群（北京和西安等地）、船舶制造业集群（上海等地）、大型装备制造业集群（沈阳和徐州等地）、大型电力设备制造业集群（上海和成都等地）等行业产业集群范围内。一方面为了保证问卷数据的有效性与准确性，另一方面为了避免被调查者对问卷的理解偏差，研究对象全部来自于对集群整体发展情况十分熟悉的且工作年限在五年以上的企业中高层管理者和技术工程师。此外，为了避免重复调查，每个集群仅挑选 1 名具有代表性的调查者发放问卷。

问卷发放和数据收集的方式主要包括访谈、邮寄纸质问卷和电子邮件。本次调查共发放 200 份问卷，回收 169 份，问卷回收率为 84.5%；剔除 15 份无效问卷，有效问卷 154 份，问卷有效率为 91.1%，满足了数据分析法对大样本的要求。其中，管理者占调查对象的 68.8%，技术工程师占调查对象的 31.2%。

13.2　变量测量

为确保调查问卷的信度与效度，本书尽量采用现有文献中已经使用过的成熟量表（除逆向外包外），再根据本书的研究目的加以适当修改作为搜集实证数据的测量工具。

13.2.1 逆向外包

目前，国内外并没有成熟的逆向外包量表。为此，本书采取以下方法开发出适合我国情境的逆向外包量表。

（1）参考国外相关研究和问卷。国外虽无逆向外包量表，但有外包量表，本书参考 Lever（1997）关于外包水平的量表测度，对逆向外包的测度设计量表，主要从逆向外包的类型，即逆向生产外包和逆向服务外包两个维度分别设计题项，共得到 15 个题项。

（2）深度访谈。从将要调研的集群中随机抽取了 20 名中高级管理人员及技术工程师（这部分被访谈者没有参与之后正式的问卷调查），结合逆向外包的含义与类型对他们进行了访谈。访谈以个别访谈的形式展开，通过访谈归纳和收集具体的题项，并根据访谈中题项被提及的频次，选取了频次大于 10 的题项，并将这些题项与之前设计的 15 个题项合并与汇总，共得到 12 个题项，即得到由 12 个题项组成的初始调查问卷。

（3）评价和修改初始问卷。从将要调研的集群中随机抽取 20 名被调查者（这部分被调查者也没有参与之后正式的问卷调查）就初始问卷题项所描述的内容与现实情况的符合程度进行评价，并根据评价来调整题项的表述，使之更容易理解。同时，请本领域的专家对问卷的科学性和适合性进行评价。综合反馈情况，删除了 4 个题项，最终得到由 8 个题项组成的测量量表，其中关于逆向生产外包的题项共 3 个（1.1~1.3），关于逆向服务外包的题项共 5 个（2.1~2.5），详见附录 5。

在正式的问卷调查中，运用以上 8 个题项的量表来测量逆向外包水平，采用通行的李克特（Likert）五级计分法来测量题项，即被调查者按 1~5 来衡量各题项中逆向外包的水平，“1”表示极少，“2”表示较少，“3”表示一般，“4”表示较多，“5”表示非常多。

为了检验量表的信度和效度，本书对样本数据进行了探索性因素分析（exploratory factor analysis，EFA）。逆向生产外包探索性因素分析的结果（表 13-1）表明：特征根大于 1 的因子只有一个；3 个题项在该因子上的载荷全部大于 0.4；该因子解释的方差达到 64.8%；该因子包含的 3 个题项的信度为 0.71。逆向服务外包探索性因素分析的结果（表 13-2）表明：特征根大于 1 的因子只有一个；5 个题项在该因子上的载荷全部大于 0.4；该因子解释的方差达到 68.1%；该因子包含的 5 个题项的信度为 0.81。以上结果说明，逆向生产外包和逆向服务外包题项都具有良好的信度和效度。此外，本书参考金昕和陈松（2015）对变量信度和效度的检验方法可知，逆向外包量表的整体一致性系数为 0.86，也具有良好的信度；逆向生产外包与逆向服务外包之间的相关系数为 0.69，小于两维度中任一测量维度的内部一致性系数（0.71，0.81），具有良好的辨别效度。

表 13-1　逆向生产外包的探索性因素分析结果

题项	因子载荷
本企业主动向发达国家采购零部件和新材料等中间产品	0.86
本企业主动委托发达国家定制分系统	0.86
本企业主动委托发达国家加工系统子模块	0.68
对总方差解释力/%	64.8
信度	0.71

表 13-2　逆向服务外包的探索性因素分析结果

题项	因子载荷
本企业在发达国家利用其先进的人力资源设立了研发中心	0.86
本企业并购了发达国家的研发中心	0.84
本企业与发达国家进行了合作研发	0.77
本企业并购了发达国家的品牌和营销渠道	0.75
本企业设定产品标准，委托发达国家按标准研制产品或系统	0.54
对总方差解释力/%	68.1
信度	0.81

13.2.2　知识吸收能力

借鉴 Flatten 等（2011）、辛冲和郭鑫（2014）、唐丽艳等（2014）的量表，我们把知识吸收能力划分为三个维度，包括知识识别与获取能力、知识理解与消化能力及知识转化与应用能力。知识识别与获取能力设计 7 个题项，知识理解与消化能力设计 6 个题项，知识转化与应用能力设计 7 个题项，共 20 个题项（见附录 5）。采用李克特（Likert）五级计分法，被调查者按 1~5 来衡量对各题项的同意程度，“1” 表示极不同意，“2” 表示较不同意，“3” 表示一般，“4” 表示比较同意，“5” 表示完全同意。该量表在本书中的信度系数为 0.95，表明知识吸收能力量表具有良好的信度，知识识别与获取能力、知识理解与消化能力、知识转化与应用能力之间的相关系数为（0.62，0.66，0.78），均小于各测量维度的内部一致性系数（0.89，0.92，0.88），具有良好的辨别效度。

13.2.3　集群技术创新绩效

集群技术创新绩效的测度主要遵循 Zhang 和 Li（2010）、Chen 等（2011）、吴航等（2014）、郭京京（2014）、解学梅和徐茂元（2014）、阳银娟和陈劲（2015）的研究，共选用 3.1~3.8 共 8 个题项（见附录 5）。采用李克特（Likert）五级计分法，问卷要求被调查者按 1~5 来衡量对各题项的同意程度，“1” 表示极不同意，“2”

表示较不同意，“3”表示一般，“4”表示比较同意，“5”表示完全同意。该量表在本书中的信度系数为 0.86，表明集群技术创新绩效量表具有良好的信度。

13.2.4 集群升级

根据 Humphrey 和 Schmitz（2002）、Azadegan 和 Wagner（2011）、张扬（2009）的研究，设计出 11 项测量题项分别测量集群的工艺流程升级、产品升级和功能升级（见附录 5）。采用李克特（Likert）五级计分法，问卷要求被调查者按 1~5 来衡量对各题项的同意程度，“1”表示极不同意，“2”表示较不同意，“3”表示一般，“4”表示比较同意，“5”表示完全同意。该量表在本书中的信度系数为 0.89，表明集群升级量表具有良好的信度，工艺流程升级、产品升级与功能升级之间的相关系数为（0.69，0.62，0.55），均小于各测量维度的内部一致性系数（0.73，0.76，0.85），具有良好的辨别效度。

13.2.5 控制变量

以往的研究表明，企业的背景信息（如年限和规模）会影响产业集群升级（戴维奇等，2013），另外员工的背景信息（如工作职位和工作年限）会影响调查对象对所回答问题的认知，因此，本书选用企业的背景信息，如企业年龄、企业规模，以及员工的背景信息，如工作职位和工作年限作为控制变量。

13.3 描述性统计分析

运用 SPSS 19.0 对未标准化的各变量进行描述性统计分析，结果如表 13-3 所示。从表 13-3 中可知，逆向生产外包、逆向服务外包、知识吸收能力、集群技术创新绩效与集群升级之间呈现出显著的正向相关关系。

表 13-3 各变量的均值、标准差和相关系数

变量	AGE	SCALE	JOB	YEAR	RPO	RSO	CTIP	KAC	CU
AGE	1.000								
SCALE	0.507**	1.000							
JOB	0.265**	0.412**	1.000						
YEAR	0.327**	0.359**	0.363**	1.000					
RPO	0.091	0.051	0.280**	0.097	1.000				
RSO	0.171*	0.139	0.269**	0.109	0.689**	1.000			
CTIP	0.213**	0.114	0.342**	0.256**	0.677**	0.720**	1.000		

续表

变量	AGE	SCALE	JOB	YEAR	RPO	RSO	CTIP	KAC	CU
KAC	0.155	0.008	0.211**	0.080	0.618**	0.607**	0.729**	1.000	
CU	0.202*	0.048	0.219**	0.168*	0.642**	0.650**	0.753**	0.787**	1.000
均值	3.130	3.140	2.790	2.790	3.727	2.668	3.826	3.644	3.654
标准差	0.756 0	0.804 0	0.919 0	0.692 0	0.641 6	0.639 1	0.487 2	0.533 0	0.521 2

*表示$p<0.05$；**表示$p<0.01$

注：n=154；AGE表示企业年龄；SCALE表示企业规模；JOB表示工作职位；YEAR表示工作年限；RPO表示逆向生产外包；RSO表示逆向服务外包；CTIP表示集群技术创新绩效；KAC表示知识吸收能力；CU表示集群升级

13.4 假设检验

本书运用 SPSS 19.0 软件，采用层级回归的方法对假设进行检验。

13.4.1 主效应检验

首先以集群升级为因变量，其次加入控制变量（企业年龄、企业规模、工作职位和工作年限），最后以逆向生产外包和逆向服务外包为自变量进行回归分析。层级回归的结果见表 13-4 中的模型 5 和模型 6。模型 5 表明，控制变量对集群升级影响的显著性较低。模型 6 表明，在控制了控制变量之后，逆向生产外包和逆向服务外包都对集群升级具有显著的正向影响（在 0.01 的显著性水平下其标准化回归系数分别为 0.364、0.385）。因此，H_{13}、H_{13a}和 H_{13b}得到了数据支持和验证。

表 13-4　层级回归分析结果

变量		集群技术创新绩效				集群升级					
		模型 1	模型 2	模型 3	模型 4	模型 5	模型 6	模型 7	模型 8	模型 9	模型 10
控制变量	企业年龄	0.157*	−0.082	0.035	0.080	0.207*	0.138**	0.088	0.096	0.070	0.061
	企业规模	−0.144	−1.00	−0.048	−0.106*	−0.173*	−0.125*	−0.063	−0.074	−0.049	−0.037
	工作职位	0.307***	0.095	0.080	0.120*	0.202*	−0.005	−0.030	−0.054	−0.027	−0.048
	工作年限	0.145*	0.150**	0.149***	0.134***	0.089	0.093	−0.020	0.017	0.092*	0.054
自变量	逆向生产外包		0.316***	0.172**	0.143**		0.364***		0.202***	0.157**	0.113*
	逆向服务外包		0.461***	0.328***	0.376***		0.385***		0.150*	0.194***	0.111
中介变量	集群技术创新绩效							0.757***	0.510***		0.254***
调节变量	知识吸收能力			0.389***	0.327***					0.559***	0.460***

续表

变量		集群技术创新绩效				集群升级					
		模型 1	模型 2	模型 3	模型 4	模型 5	模型 6	模型 7	模型 8	模型 9	模型 10
交互项	逆向生产外包×知识吸收能力				0.146^{**}						
	逆向服务外包×知识吸收能力				0.268^{***}						
R^2		0.16	0.62	0.70	0.73	0.09	0.52	0.57	0.62	0.69	0.71
F		7.04^{***}	40.33^{***}	49.58^{***}	44.05^{***}	3.81^{***}	26.53^{***}	39.96^{***}	33.79^{***}	46.14^{***}	43.91^{***}
ΔR^2		0.16	0.46	0.08	0.03	0.09	0.43	0.48	0.10	0.17	0.02
ΔF		7.04^{***}	90.06^{***}	40.33^{***}	8.02^{***}	3.81^{***}	65.37^{***}	167.51^{***}	37.64^{***}	79.15^{***}	9.52^{***}

*表示p<0.05；**表示p<0.01；***表示p<0.001

注：n=154

13.4.2　中介效应检验

根据 Baron 和 Kenny（1986）的建议，中介效应检验一般需要满足以下四个步骤：①自变量对因变量进行回归，标准化回归系数达到显著性水平。②自变量对中介变量进行回归，标准化回归系数达到显著性水平。③中介变量对因变量进行回归，标准化回归系数达到显著性水平。④自变量与中介变量同时对因变量进行回归，如果中介变量的标准化回归系数显著，而自变量的标准化回归系数不显著，那么称此中介变量具有完全中介效应；如果中介变量的标准化回归系数显著，而自变量的标准化回归系数的显著性水平虽然下降但仍存在显著性，那么此中介变量具有部分中介效应。

根据以上步骤，运用层级回归的方法来验证集群技术创新绩效在逆向生产外包（逆向服务外包）与集群升级之间所起的中介作用。层级回归的结果如表 13-4 所示。从表 13-4 中的模型 5 和模型 6 可知，逆向生产外包和逆向服务外包对集群升级都具有显著的正向影响。从模型 1 和模型 2 可知，逆向生产外包和逆向服务外包都对集群技术创新绩效具有显著的正向影响（在 0.01 的显著性水平下其标准化回归系数分别为 0.316、0.461）。因此，H_{14}、H_{14a} 和 H_{14b} 得到了数据支持和验证。同时，从模型 5 和模型 7 可知，集群技术创新绩效对集群升级具有显著的正向影响（在 0.01 的显著性水平下其标准化回归系数为 0.757）。因此，H_{15} 得到了数据支持和验证。从模型 5、模型 6 和模型 8 可知，在加入了中介变量集群技术创新绩效后，逆向生产外包对集群升级的显著性影响仍然存在（在 0.01 的显著性水平下其标准化回归系数为 0.202），逆向服务外包对集群升级的显著性影响仍然存在（在 0.1 的显著性水平下其标准化回归系数为 0.150），而集群技术创新绩效对集群升级也具有显著的正向影响

（在 0.01 的显著性水平下其标准化回归系数为 0.510）。由此可得，集群技术创新绩效在逆向生产外包（逆向服务外包）与集群升级之间起着部分中介的作用，支持了 H_{16}、H_{16a} 和 H_{16b}。

13.4.3　调节效应检验

首先以集群技术创新绩效为因变量，其次依次引入控制变量、自变量（逆向生产外包与逆向服务外包）及调节变量（知识吸收能力），最后加入自变量和调节变量的乘积项。为了防止变量间的高度相关，在构造自变量和调节变量的乘积项时，将自变量和调节变量分别进行了标准化。层级回归分析结果也如表 13-4 中的模型 1~模型 4 所示。从模型 4 中可知，逆向生产外包与知识吸收能力之间的交互项会对集群技术创新绩效产生显著的正向影响（在 0.05 的显著性水平下其标准化回归系数为 0.146），这表明知识吸收能力越强，逆向生产外包与集群技术创新绩效之间的正向关系就越强，支持了 H_{17a}。同时，模型 4 也表明逆向服务外包与知识吸收能力之间的交互项会对集群技术创新绩效产生显著的正向影响（在 0.01 的显著性水平下其标准化回归系数为 0.268），这体现出知识吸收能力越强，逆向服务外包与集群技术创新绩效之间的正向关系就越强，支持了 H_{17b}，因此，H_{17} 也就得到了验证。

13.4.4　有调节的中介效应检验

结合温忠麟等（2012）提出的关于有调节的中介效应的检验方法可知，其主要需满足以下四个条件：①自变量和调节变量同时对因变量进行回归分析，其中自变量的标准化回归系数应当显著；②自变量和调节变量同时对中介变量进行回归分析，其中自变量的标准化回归系数应当显著；③自变量、调节变量和中介变量同时对因变量进行回归分析，其中中介变量的标准化回归系数应当显著；④自变量、调节变量、自变量与调节变量的交互项同时对中介变量进行回归分析，其中自变量与调节变量交互项的标准化回归系数应当显著。

根据以上四个条件，运用层级回归的方法来检验知识吸收能力是否会增强集群技术创新绩效在逆向生产外包（逆向服务外包）与集群升级之间所起的中介效应。层级回归结果依次见表 13-4 中的模型 9、模型 3、模型 10 和模型 4。

从模型 9 可知，逆向生产外包（逆向服务外包）与知识吸收能力同时纳入回归模型时，逆向生产外包（逆向服务外包）对集群升级具有显著的正向影响（在 0.05 的显著性水平下逆向生产外包的标准化回归系数为 0.157，在 0.01 的显著性水平下逆向服务外包的标准化回归系数为 0.194），满足了条件①。

从模型 3 可知，逆向生产外包（逆向服务外包）与知识吸收能力同时对集群技术创新绩效进行回归分析时，逆向生产外包（逆向服务外包）对集群技术创新绩效具有显著的正向影响（在 0.05 的显著性水平下逆向生产外包的标准化回归系数为 0.172，在 0.01 的显著性水平下逆向服务外包的标准化回归系数为 0.328），满足了条件②。

从模型 10 可知，逆向生产外包（逆向服务外包）、知识吸收能力与集群技术创新绩效同时对集群升级进行回归分析时，集群技术创新绩效对集群升级仍具有显著的正向影响（在 0.01 的显著性水平下其标准化回归系数为 0.254），满足了条件③。

从模型 4 可知，逆向生产外包（逆向服务外包）、知识吸收能力、逆向生产外包与知识吸收能力的交互项及逆向服务外包与知识吸收能力的交互项同时对集群技术创新绩效进行回归分析时，逆向生产外包与知识吸收能力之间的交互项会对集群技术创新绩效产生显著的正向影响（在 0.05 的显著性水平下其标准化回归系数为 0.146），逆向服务外包与知识吸收能力之间的交互项也会对集群技术创新绩效产生显著的正向影响（在 0.01 的显著性水平下其标准化回归系数为 0.268），满足了条件④。

因此可得，知识吸收能力会增强集群技术创新绩效在逆向生产外包（逆向服务外包）与集群升级之间所起的中介效应，有调节的中介效应模型得到验证，那么 H_{18}、H_{18a} 和 H_{18b} 即得到了数据的支持。

13.5　实证结果分析

（1）逆向外包的两种类型——逆向生产外包和逆向服务外包不仅对大型复杂产品制造业集群升级具有显著的直接影响，而且它们通过集群技术创新绩效对大型复杂产品制造业集群升级具有显著的间接影响，由此说明逆向外包（逆向生产外包和逆向服务外包）是大型复杂产品制造业集群升级的重要战略途径。

（2）逆向外包（逆向生产外包和逆向服务外包）对大型复杂产品制造业集群的技术创新绩效具有显著的正向影响；大型复杂产品制造业集群的技术创新绩效对集群升级具有显著的正向影响，这说明开展逆向外包（逆向生产外包和逆向服务外包）业务和扩大逆向外包（逆向生产外包和逆向服务外包）水平是提高集群技术创新绩效的途径之一，而提高集群技术创新绩效也是促进大型复杂产品制造业集群升级的途径之一。

（3）大型复杂产品制造业集群的技术创新绩效在逆向外包（逆向生产外包和逆向服务外包）与集群升级之间起到了部分中介的作用，这说明集群技术创新绩效是逆向外包与集群升级的关键性中介变量。

（4）知识吸收能力对逆向外包（逆向生产外包和逆向服务外包）与大型复杂

产品制造业集群技术创新绩效的关系具有显著的正向调节作用，说明知识吸收能力会强化逆向外包（逆向生产外包和逆向服务外包）与集群技术创新绩效的正向联系。

（5）知识吸收能力会增强大型复杂产品制造业集群技术创新绩效在逆向外包（逆向生产外包和逆向服务外包）与集群升级之间所起的中介效应，也就是说知识吸收能力越强，集群技术创新绩效在逆向外包（逆向生产外包和逆向服务外包）与集群升级之间所起的中介效应就越强。

第 14 章　实践策略

14.1　提高集群绩效的策略

为提高大型复杂产品制造业集群绩效，在前面实证研究的基础上，提出以下具体对策与建议。

14.1.1　增加企业有效投入

对于资本和技术密集型集群，集群投入水平的高低、集群资金支持力度的大小对集群的发展有着重要影响。第 5 章实证结果显示，集群网络结构对集群绩效具有统计上显著的相关性。集群通过增加对企业的投入，从扩大主体企业规模和提高配套企业数量两个方面入手，能够提高集群中心性，加大集群网络密度，进而起到完善集群网络结构的作用。

（1）健全上下游分工协作机制，扩大集群内企业的成本优势。集群通过鼓励企业间的合作，提升核心企业在集群中的影响，建立起以核心制造企业为中心，相关配套企业、支持机构为依托的紧密型社会网络。利用网络形成的规模效应，带动集群整体发展，是提升我国大型复杂产品制造业集群绩效提升的重要策略。

（2）吸引投资，构建完善的融资体系。在我国，大型复杂产品历来属于国家战略性和高科技产品，属于国家完全垄断的特殊产品。但随着军转民项目的实施，已有越来越多的集团和机构向大型复杂产品制造业集群进行投资。在此背景下，集群应加快建立保障投资企业利益的风险投资机制，以及建立“鼓励成功，宽容失败”的集群文化环境，吸引投资者进行投资，增加集群网络企业节点的同时，发展以大型复杂产品制造业为主的中心企业，提高集群中心性，建立成熟的集群网络，以网络促发展。

14.1.2　建立利益分配机制

大型复杂产品制造业集群是一个开放的系统，它的形成和发展与周围环境有着各种联系。由于大型复杂产品制造业存在较强的产业内部关联性，工艺的衔接、技术的同源及技术的创新交叉非常多，因此集群企业间密切的分工协作、良好的合作能力及集群供销价值链的完整对大型复杂产品制造业纵深发展有着重要作用；而作为保密性高、敏感度强的产业，集群内各企业相互的信任、共同攻克难关的意识能够为企业间合作创造良好的条件。由实证结果可知，网络关系对集群绩效具有统计上显著的相关性，故而互信互助的集群氛围、成熟健全的网络关系及健全的利益分配机制是促进集群发展、提升集群绩效的关键影响因素。

因此，我国大型复杂产品制造业集群在提升集群绩效的过程中应注重以下几个方面。

（1）建立和维护企业间的网络关系，扩大企业间合作水平和范围，以战略联盟等形式加快信息共享，通过意见协调、有效沟通培养共同解决问题的意识，以获取更多的技术资源，提高集群应对困难的能力，同时也使集群创新结果更加贴近市场需求，进而提高集群绩效，促进集群更快发展。

（2）应加强信任机制和利益分配机制建设，强化集群内企业间的合作能力，从制度和规则上提高企业间的相互信任，并通过着力发展龙头企业、以龙头企业为主导，推动各相关企业间的合作联系，进而带动集群内部的互动，促进集群绩效提升。

大型复杂产品制造业作为涉及多学科技术知识、科技含量高的产业，时刻面临着激烈的市场竞争和技术更替的威胁，而合理的利益机制以及良好的集群网络关系的建立，能够使大型复杂产品制造业集群实现持续性稳定发展，保持其在行业中的优势地位。处于网络中的企业只有加强相互信任、加快信息共享，才能加强彼此间的协调和合作，合理高效地利用其所拥有的社会资本，进而使集群获取持续的竞争优势，提高集群发展后劲，促进集群绩效的提升。

14.1.3 加强政府引导作用

由于我国大型复杂产品制造业对政府政策较为灵敏，政策的引导和扶持能够促进大型复杂产品制造业集群绩效的提升；而作为技术含量高的资本密集型产业，良好的工业基础与基础设施对其发展有着重要的作用，因此政府在大型复杂产品制造业集群的发展中占据着至关重要的地位。

由于实证研究中网络结构对网络关系的 p 值检验没有通过，且路径系数很小，因此路径予以删除。网络结构对网络关系的影响不显著，因此若要使我国大型复杂产品制造业集群的网络结构对网络关系产生积极的促进作用，需要加强政府在集群中的引导作用，为集群发展提供良好的发展环境。

第 5 章实证结果表明，目前我国大型复杂产品制造业集群的网络结构并不能为网络关系的改善起到积极作用。为克服目前的状况，改善集群的网络结构，使其与集群网络关系的发展相得益彰，政府可从以下几个方面入手。

（1）在集群企业和大学等科研机构之间进行有效引导、构建沟通平台，为企业创新提供便利条件。大型复杂产品制造业是典型的知识密集型产业，创新是大型复杂产品制造业发展的核心和前提，掌握核心技术就意味着在大型复杂产品制造业产业链中处于支配地位，并可获得最高的附加值。

（2）健全产业内行业的法律法规、加强市场的监管，促进集群利益分配机制的建立，防止不正当竞争与不诚信行为，通过政府的行政手段，扩大企业合作、加强企业沟通，营造产业发展的健康发展环境。

（3）政府应根据产业集群对区域环境的要求，科学布局，整体规划，制定促进集群发展的相关政策，同时对主导产业和配套产业进行相应建设与投资，促进集群的专业化分工，延长集群中的产业链，以网络结构的发展带动集群网络关系的改善，进而促进集群绩效的提升。

随着产业集群的成熟，集群网络对其发展所产生的作用越来越显著。只有加强政府在集群中的引导作用，才能促进集群内外部环境的改善，进而提升集群绩效。

14.1.4 强化企业交流合作

对于大型复杂产品制造业来说，创新具有特殊的重要性。同时大型复杂产品制造业具有极强的带动效应，其创新成果会极大地推动相关产业的创新和转化。作为以高技术为特征的集群，技术与创新是最重要的竞争手段，而要实现创新，就需要强化企业间的合作能力，促进企业间的密切联系。由实证结果可知，网络关系对网络结构有显著正向影响。

（1）首先要发展集群文化，将文化建设作为基地及集群发展的战略任务，采取宣传引导的措施，推进基地所倡导的“鼓励成功，宽容失败”的价值理念的深入，塑造互信、合作的集群文化环境。

（2）大型复杂产品制造业集群应加强建立技术研发中心，建立企业技术开发中心，为企业的技术创新工作提供组织保证；并通过建立研发中心，密切企业间、企业与科研机构间的合作，促进科技成果的研究和转化。

（3）鼓励集群和高等院校之间建立合作项目，签订技术合同。企业与高校间的联系，不仅在具有互补资源的成员之间建立起信息交流路径，使集群内企业通过知识的扩散进行更多的技术创新，还能为集群的发展注入新的活力与思想，增强集群开放性。因此从产学研机制出发，鼓励技术合同的签订，对提高集群投入水平、提升集群绩效有着不可忽视的作用。

集群企业间密切的交流与合作能够使技术创新与科研成果转化得到保障，并提高创新的速度，降低失误的概率，最终促进集群绩效的提升。

14.2　基于模块化的集群升级策略

目前，我国大型复杂产品制造业集群在全球价值链中依然被锁定在“微笑曲线”的底端，我国大型复杂产品制造业企业仍不是升级主体。发达国家通过专利封锁、抑制人才流动、关键技术独资等手段防止技术扩散，发展中国家的企业只在大型复杂产品制造业产业链中掌握了简单的生产操作、运营管理和碎片化技术能力，而且在关键技术、核心能力上受制于人，技术创新业主要存在于低端环节。这些都表明融入全球价值链底部的后进经济体很难在发达国家主导的全球价值链下实现产业集群的升级。为了促进大型复杂产品制造业集群的升级，提升其在全球价值链中的位置，根据前述研究结论，本书提出以下几点基于模块化的集群升级策略供在实践中参考。

14.2.1　加强模块化分工，提高集群效率

大型复杂产品制造业属于技术密集型产业，产品和技术开发所涉及的知识和领域越来越广，模块化系统规则的设计和具体模块的研发难度越来越大。而发达国家凭借技术优势在全球价值链中占有主导地位，通过制定各种适用于发达国家集群的产业标准，形成较高的技术进入壁垒，严重阻碍了我国大型复杂产品制造业集群融入全球价值链实现集群升级的进程。因此，我国大型复杂产品制造业集群应加强集群内模块化企业之间的协作，鼓励各模块企业充分发挥各自优势，不断探索出自身难以被模仿的核心竞争力，进而提高集群整体的创新能力，提升集群在全球价值链中的战略地位。同时，集群模块企业应加强与国外经济主体的往来，积极参与和推进国际产业制度、行业标准等的建设，为经济全球化下我国大型复杂产品制造业集群的模块化发展创造更加公平、合理的国际市场环境。

14.2.2　加强产学研合作，提高集群探索性创新效率

大型复杂产品制造业是知识密集型产业，良好的研发能力和创新能力是集群升级的重要条件。而要实现集群探索性创新，就需要各模块企业间相互学习与合作，鼓励集群与高等院校和各研究所之间建立合作项目，签订技术合同。集群与高校间的联系，不仅可以在具有互补资源的成员之间建立起信息交流路径，使集群内企业通过知识的扩散和溢出进行更多的探索性创新，还能为集群的发展注入新的活力与思想，增强集群开放性。因此，从产学研机制出发，鼓励技术合同的签订对提高集群投入水平、促进大型复杂产品制造业集群升级有着不可忽视的作用。产学研合作机制的完善不仅能够提高探索性创新的速度，并且能够保证探索

性创新的成果快速转化，进而成为推动集群升级的源动力。另外，大型复杂产品制造业集群的升级需要增强知识产权保护力度，鼓励模块企业积极进行探索性创新，探索出一条自主创新模式下的集群升级之路。

14.2.3 立足国内需求，实现集群开发性创新

为了保持竞争优势和丰厚的利润，欧美大型复杂产品制造业强国想方设法通过技术壁垒、规则制定等限制发展中国家大型复杂产品制造业的崛起。我国大型复杂产品制造业集群要想在这样的环境下实现升级，应依托近 60 年来我国大型复杂产品制造业的技术积淀，构建以国内需求为基础的国家价值链，走自主创新模式下的集群升级之路。同时国内巨大的市场需求和完整的制造体系也为我国大型复杂产品制造业集群跨越式升级奠定了基础。例如，我国自主研发的支线客机 ARJ21 就是为了满足从中心城市向周边小城市辐射型航线的使用要求而研发的具有自主知识产权的中短航程新型涡扇支线飞机。我国现已掌握了 ARJ21 型号客机的研发、总装、销售、品牌等核心业务环节，而将零部件外包给国内外航空制造企业，构建了一条以我国为主的全球航空价值链，走出了一条从模仿、消化、吸收国外技术，到自行设计制造，再到自主品牌制造的自主创新式升级之路。

14.2.4 政府加强引导作用，适应复杂多变的环境

实证结果表明，环境的动态性和复杂性在集群创新与集群升级之间有着不同的调节作用。大型复杂产品制造业作为国家经济的支柱产业，其发展易受到国内外政治环境和市场环境的影响。因此，在不确定性环境下，需要加强和改善政府对大型复杂产品制造业集群发展的引导和扶持作用，为本土大型复杂产品制造业集群的升级创造良好的发展环境。政府可以根据我国大型复杂产品制造业集群发展的不同阶段，结合国内、国际两个市场，综合制定和采取税收、土地、知识产权保护、研发投入及风险投资等方面的政策和措施，为本土大型复杂产品制造业集群的发展和升级搭建良好的平台。

14.3 基于逆向外包的集群升级策略

本书基于前面的实证研究得到了一些促进我国大型复杂产品制造业集群升级的对策启示，主要包括开展逆向外包业务、提高集群技术创新绩效与增强知识吸收能力三个方面。

14.3.1 开展逆向外包业务

从实证分析结果可知，逆向外包对我国大型复杂产品制造业集群升级具有显著的促进作用，那么开展逆向外包业务就成为我国大型复杂产品制造业集群升级的有效策略。考虑到开展逆向外包业务和扩大逆向外包水平需要政府、行业协会及集群企业的共同努力，那么本书主要结合逆向外包的两种类型，由宏观到微观，从政府、行业协会和集群企业三个主体出发，提出以下几点对策和建议。

（1）政府应当积极鼓励大型复杂产品制造业集群开展逆向生产外包业务和逆向服务外包业务，对开展逆向生产外包业务和逆向服务外包业务的集群企业实行税收优惠和金融支持。

（2）行业协会也应当为大型复杂产品制造业集群提供有关逆向生产外包和逆向服务外包方面的及时、充分、有效的信息。这些信息将对大型复杂产品制造业集群开展逆向生产外包和逆向服务外包起到参考作用，也将降低我国大型复杂产品制造业集群收集相关信息的时间成本。

（3）作为逆向外包的主体，集群企业应当积极地开展逆向生产外包和逆向服务外包，提升逆向生产外包和逆向服务外包的水平。具体而言，在逆向生产外包方面，集群企业可主动向发达国家采购零部件和新材料等中间产品、主动委托发达国家加工系统子模块以及定制分系统等。在逆向服务外包方面，集群企业可设定产品标准，委托发达国家按标准研制产品或系统；在发达国家利用其先进的人力资源设立研发中心；与发达国家进行合作研发；并购发达国家的研发中心以及并购发达国家的品牌和营销渠道等。

14.3.2 提高集群技术创新绩效

从实证分析结果可知，大型复杂产品制造业集群的技术创新绩效一方面能够显著地促进集群升级，另一方面对逆向外包与集群升级之间的关系起到了显著的中介作用。那么，提高集群技术创新绩效成为大型复杂产品制造业集群升级的重要策略之一。

（1）作为集群技术创新绩效提高的主体，集群企业应当积极提高自身的技术创新绩效。具体而言，集群企业可以通过独立开发、合作开发和产学研合作增加新产品数量、加快新产品开发速度、提高新产品技术含量、提高新产品市场占有率、提高新产品销售额占销售总额的比重、提高创新项目的技术成功率和市场成功率及增加专利申请数量等。集群企业自身努力提高技术创新绩效才能促进集群整体技术创新绩效的提高，进而促进集群整体性升级。

（2）政府应当积极鼓励大型复杂产品制造业集群提高其技术创新绩效。一方面，政府为集群企业建立技术创新绩效档案，建立集群技术创新绩效的量化评价体系；另一方面，政府根据集群企业技术创新绩效的情况给予不同的税收优惠政策与金融支持力度，以此激励集群企业提高技术创新绩效，为我国集群整体性技术创新绩效的提高注入活力。

14.3.3 增强知识吸收能力

从实证分析结果可知，知识吸收能力一方面能够显著地调节逆向外包与我国大型复杂产品制造业集群技术创新绩效之间的关系，另一方面会显著地增强我国大型复杂产品制造业集群技术创新绩效在逆向外包与集群升级之间所起的中介效应。

（1）政府应当及时搜集和发布与集群相关的政策及发展规划信息，并将这些信息传递给集群企业，为集群提高知识吸收能力提供可靠的知识与信息来源。

（2）行业协会除了为集群提供各类准确、及时而有效的信息外，还应为集群企业提供交流的平台与渠道，实现知识和信息的充分交流与共享。

（3）集群企业应当努力增强自身的知识吸收能力。在增强知识识别与获取能力方面，集群企业应提高发现行业内相关新知识与新信息的速度、提高评估相关新知识与新信息价值的能力、提高搜集相关新知识与新信息的能力、拓宽获取相关新知识与新信息的渠道、经常与行业内外其他企业和科研机构交换知识与信息以及外聘专家定期进行新知识与新信息的分享等。在增强知识理解与消化能力方面，集群企业可以提高对已获取的新知识与新信息的理解能力、掌握能力与分析处理能力，提高新知识和新信息在企业内部的传递速度与准确性，经常进行新想法和新理念的跨部门交流等。此外，在增强知识转化与应用能力方面，集群企业应提高重构和使用已获得知识的能力，从新视角联系已有知识，提高新知识在实践工作中的应用能力，根据新知识经常反思和改良技术，整合新旧知识，进一步开发原有产品和新产品等。

第 15 章　结论与展望

15.1　主要研究结论

15.1.1　网络结构与产业集群绩效之间的关系

（1）对于大型复杂产品制造业集群绩效的影响因素，国内外学者都做过不同的研究。本书运用文献分析法，将以往文献中所涉及的影响大型复杂产品制造业集群的要素进行提炼总结，并通过调查问卷的形式，对我国大型复杂产品制造业集群绩效影响因素进行了重新梳理，最终提取出 6 个影响大型复杂产品制造业集群绩效的关键因素，分别命名为集群内外部环境、集群投融资体系、集群发展后劲、集群科技产出、集群科技创新和集群投入水平。

（2）本书借鉴网络分析理论，选取网络密度、网络中心性、网络强度、信任、信息共享和合作解决问题 6 个维度作为衡量大型复杂产品制造业集群网络结构状况的指标。使用 SPSS 19.0 和 AMOS 17.0 对网络结构、网络关系与集群绩效之间的影响进行了实证分析，证实了网络结构、网络关系对大型复杂产品制造业集群绩效有正向影响，以及网络关系对网络结构有正向影响的假设，而网络结构对网络关系的影响不显著。

（3）本书研究发现网络关系嵌入对大型复杂产品制造业集群供应链协同能力中同步决策、产品交付及时可靠及激励联盟三个维度均有着显著的正向促进作用，并且发现同步决策、产品交付及时可靠及激励联盟均可以显著提升集群供应链运作绩效。激励联盟和集群供应链运作绩效对集群供应链财务绩效有着直接的正向影响，而同步决策和产品交付及时可靠则是通过提高集群供应链的运作绩效间接地影响集群供应链的财务绩效。

15.1.2　基于模块化的集群升级机理及路径

本书以集群创新为中介变量，以环境不确定性作为调节变量，探寻了模块化对我国大型复杂产品制造业集群升级的作用机理，并厘清了环境不确定性的不同维度在集群创新促进集群升级过程中的调节作用。

（1）本书结论表明了产品模块化是我国大型复杂产品制造业集群升级的重要途径。产品模块化的实质是分工模块化，有利于功能相对独立的模块间创新知识的互补、分享与整合，使不同的模块可以“并行研发”，极大地提高了知识创新的速度，同时也规避了创新失败的风险，对集群整体创新能力的提高有显著的促进作用，强化了集群在全球价值链中的核心竞争力，为集群升级提供了重要的契机。

（2）探索了集群创新在产品模块化与集群升级之间的中介作用，解释了产品模块化的作用路径，有助于企业家们更深刻地认识和理解产品模块化的作用机理。集群创新不仅仅受到组织的学习能力、研发水平和市场需求等因素的影响，还受到产品模块化水平的影响，即产品模块化技术的广泛应用能够促进集群的技术创新，进而影响集群升级。

（3）本书结果显示环境的动态性对集群创新与集群升级的关系有显著的负向调节效应，而环境竞争性能够显著地增强集群开发性创新对集群升级的促进作用，但是环境竞争性对集群探索性创新与集群升级之间的关系却没有显著正向调节效应。这表明环境动荡性越高，集群创新与集群升级之间的正向作用就会随之减弱，集群升级的可能性就会越困难；而当环境竞争性越强时，集群更倾向于通过开发性创新达到升级的目的。

15.1.3 基于逆向外包的集群升级机理及路径

本书厘清了基于逆向外包的大型复杂产品制造业集群升级机理，在文献梳理和理论分析的基础上提出了逆向外包、知识吸收能力、集群技术创新绩效与集群升级之间关系的假设以及建立了一个有调节的中介效应理论模型，并通过问卷调查和层级回归的分析方法验证了其中的假设关系和理论模型。

（1）基于全球价值链、国家价值链、模块化等产业集群升级理论以及逆向外包理论的基础，提出了逆向外包的内涵与形成条件。逆向外包是指发展中国家本土企业主动向发达国家发起的外包业务活动，主要包括逆向生产外包和逆向服务外包两种类型。逆向外包的形成条件主要包括产业类型条件、企业类型条件、市场结构条件及逆向发包国的市场容量条件四个方面。

（2）提出了逆向外包、知识吸收能力、集群技术创新绩效与集群升级之间关系的若干假设，建立了一个有调节的中介效应理论模型。以大型复杂产品制造业集群为研究对象，通过问卷调查和层级回归的分析方法对逆向外包、知识吸收能力、集群技术创新绩效与集群升级之间的关系进行了实证分析，探讨了逆向外包对我国大型复杂产品制造业集群升级的作用路径，揭示了逆向外包促进我国大型复杂产品制造业集群升级机理。

（3）在厘清基于逆向外包的大型复杂产品制造业集群升级机理的基础上，提出了促进我国大型复杂产品制造业集群升级的对策，主要从政府、行业协会和集群企业三个层面提出了基于逆向外包的大型复杂产品制造业集群升级策略。

15.2 创新之处

（1）基于全球价值链、国家价值链、模块化等产业集群升级理论以及逆向外包理论，揭示了大型复杂产品制造业集群升级的内涵与特点，扩展了现有集群升级方面的研究成果。

（2）本书将社会网络结构与航空产业集群绩效进行结合，研究了二者之间的相互关系，并提出了网络结构与集群绩效之间的关系假设，进而通过构建结构方程模型和问卷调查，厘清了大型复杂产品制造业集群网络结构与其绩效之间的作用机理，并提出了相应的策略。

（3）本书基于大型复杂产品制造业集群的特征，重点从模块化的角度进行分析，探索集群模块化升级的障碍因素和动力机制，提出具体可行的大型复杂产品制造业模块化集群升级路径，为我国制定促进大型复杂产品制造业发展的政策提供决策依据。

（4）结合逆向外包的内涵与我国大型复杂产品制造业集群升级的内涵及特点，一方面开发了逆向外包的测量量表，另一方面建立并通过实证分析验证了一个有调节的中介效应模型，揭示了基于逆向外包的大型复杂产品制造业集群升级机理，探讨了逆向外包对我国大型复杂产品制造业集群升级的作用路径。

15.3 研究展望

（1）本书采用的测量变量的量表大都来自于西方的文献。虽然在本书中各个变量的信度和效度都达到了可接受的水平，但更严谨的做法是对西方的量表进行修订或开发出适合我国产业特性的量表，从而使变量的测量和研究结果更加准确。

（2）本书证实了网络结构对我国大型复杂产品制造业集群绩效的影响，但对于网络层面上更具体的集群绩效影响因素的研究有待深入。在后续研究中，可适当增加研究模型中的控制变量，将作为内生观测变量的集群绩效优化为绩效影响因素，进而对社会网络背景下的集群绩效作进一步研究与探讨。

（3）在本书中，我们仅仅探讨了集群探索性创新与集群开发性创新分别对集群升级的作用过程，但事实上，集群探索性创新与集群开发性创新的平衡与否也对集群升级有影响。因此，后续的研究可以把探索性创新与开发性创新的平衡作为自变量，进一步研究环境不确定性对集群升级的调节作用机制。

（4）本书虽然验证了逆向外包与我国大型复杂产品制造业集群升级之间关系的部分研究假设，但对此问题仍需要进一步深入分析，其中一个非常值得关注的研究方向是影响我国大型复杂产品制造业集群升级的关键因素，及其与逆向外包之间的关系。

参 考 文 献

布鲁斯科 S. 2005. 产业区的博弈规则[A]//格兰多里 A. 企业网络：组织和产业竞争力[C]. 刘刚，罗若愚，祝茂，等译. 北京：中国人民大学出版社.

蔡铂，聂鸣. 2003. 社会网络对产业集群技术创新的影响[J]. 科学学与科学技术管理，24（7）：57-60.

蔡宁，吴结兵. 2006. 产业集群复杂网络的结构与功能分析[J]. 经济地理，（3）：378-382.

蔡秀玲，林竞君. 2005. 基于网络嵌入性的集群生命周期研究—— 一个新经济社会学的视角[J]. 经济地理，（25）：281-284.

曹科岩，龙君伟，杨玉浩. 2008. 组织信任、知识分享与组织绩效关系的实证研究[J]. 科研管理，29（5）：93-101.

曹丽莉. 2008. 产业集群网络结构的比较研究[J]. 中国工业经济，（8）：143-152.

陈建勋，张婷婷，吴隆增. 2009. 产品模块化对组织绩效的影响：中国情景下的实证研究[J]. 中国管理科学，17（3）：121-130.

陈启斐，刘志彪. 2013. 反向服务外包对我国制造业价值链提升的实证分析[J]. 经济学家，（11）：68-75.

陈清萍，曹慧平. 2011. 承接跨国服务外包与我国经济增长的相互作用研究——与制造外包的比较分析[J]. 国际贸易问题，（1）：90-100.

陈维忠. 2012. 国内价值链构建下地方产业集群升级机理研究[J]. 地域研究与开发，31（3）：13-17.

陈伟，张永超，田世海. 2012. 区域装备制造业产学研合作创新网络的实证研究——基于网络结构和网络聚类的视角[J]. 中国软科学，（2）：96-107.

陈晓萍，徐淑英，樊景立. 2008. 组织与管理研究的实证方法[M]. 北京：北京大学出版社.

陈羽，黄晶磊，谭蓉娟. 2014. 逆向外包、价值链租金与欠发达国家产业升级[J]. 产业经济研究，（4）：1-12.

陈志军，缪沁男. 2014. 外部创新源对创新绩效的影响研究：吸收能力的调节作用[J]. 经济管理，（3）：135-144.

程奎. 2011. 基于结构方程的产业集群对企业绩效影响实证研究[D]. 哈尔滨工业大学硕士学位论文.

程文，张建华. 2010. 中国汽车产业模块技术发展与产业升级[J]. 中国软科学，（4）：44-49，93.

程文，张建华. 2011. 中国模块化技术发展与产业结构升级[J]. 中国科技论坛，（3）：28-34.

戴维奇，林巧，魏江. 2013. 本地和超本地业务网络、吸收能力与集群企业升级[J]. 科研管理，34（4）：79-89.

戴翔. 2014. 服务进口复杂度与我国制造业效率提升[J]. 科研管理，35（6）：108-114.

董科. 2011. 模块化生产方式下中国制造业产业集群升级研究[D]. 华中科技大学博士学位论文.

方文超，马怀礼. 2013. 三螺旋互动创新与产业集群升级研究——以丹麦风电产业为例[J]. 现代经济探讨，（6）：63-67.

方永恒. 2010. 区域产业集群绩效评价研究——以陕西装备制造业集群为例[J]. 科技管理研究,(12):169-171.
风笑天. 2001. 社会调查中的问卷设计[M]. 第二版. 天津:天津人民出版社.
冯增田,郝斌,俞珊. 2013. 模块化、吸收能力与企业创新绩效关系实证研究[J]. 南京理工大学学报,37(2):318-324.
龚三乐. 2011a. 全球价值链内企业升级绩效、绩效评价与影响因素分析——以东莞IT产业集群为例[J]. 改革与战略,(27):178-181.
龚三乐. 2011b. 全球价值链内企业升级动力实证研究[J]. 求索,(7):11-13.
顾志群,沈友娣,康君. 2004. 中小企业集群核心竞争力评价指标体系研究[J]. 经济问题探索,(11):46-48.
郭京京. 2014. 产业集群中企业技术学习惯例的中介效应案例研究[J]. 科研管理,35(11):35-43.
郭岭. 2004. 现代产业组织模式研究[D]. 武汉理工大学博士学位论文.
郭莹. 2010. 基于网络视角的陕西航空产业集群发展研究[D]. 西安电子科技大学硕士学位论文.
韩晶. 2008. 基于模块化的中国汽车产业升级战略研究[J]. 现代经济探讨,(5):63-67.
侯二菊,沈正平. 2010. 江苏省产业集群发展特色及动力机制研究[J]. 国土与自然资源研究,(3):16-19.
侯广辉,张键国. 2013. 企业社会资本能否改善技术创新绩效——基于吸收能力调节作用的实证研究[J]. 当代财经,(2):74-86.
黄中伟. 2007. 产业集群的网络创新机制和绩效[J]. 经济地理,(27):47-51.
吉敏,胡汉辉. 2011. 技术创新与网络互动下的产业集群升级研究[J]. 科技进步与对策,28(15):57-60.
纪玉俊,丁娟. 2012. 基于链网结合的地方产业集群升级机理与路径[J]. 经济与管理,26(11):83-89.
简兆权,刘荣,招丽珠. 2010. 网络关系、信任与知识共享对技术创新绩效的影响研究[J]. 研究与发展管理,2(22):64-70.
金凤君,孙炜,萧世伦. 2005. 我国航空公司重组及其对航空网络结构的影响[J]. 地理科学进展,(24):59-68.
金昕,陈松. 2015. 知识源战略、动态能力对探索式创新绩效的影响——基于知识密集型服务企业的实证[J]. 科研管理,36(2):32-40.
黎继子,蔡根女. 2004. 价值链/供应链视角下的集群研究新进展[J]. 外国经济与管理,26(7):8-11,44.
李高吉. 2010. 社会网络对集群企业绩效的影响研究[D]. 南华大学硕士学位论文.
李怀祖. 2004. 管理研究方法论[M]. 西安:西安交通大学出版社.
李剑力. 2009. 探索性创新、开发性创新与企业绩效关系研究——基于冗余资源调节效应的实证分析[J]. 科学学研究,27(9):1418-1427.
李剑力. 2011. 探索性创新、开发性创新与企业绩效的关系——基于组织结构特性调节效应的实证分析[J]. 技术经济,3(2):23-30.
李凯,李世杰. 2004. 装备制造业集群网络结构研究与实证[J]. 管理世界,(12):68-76.
李锐. 2013. 全球生产网络下利用外资促进制造业产业结构升级研究——以山东半岛制造业基地为例[D]. 山东财经大学硕士学位论文.
李小胜,陈珍珍. 2010. 如何正确应用SPSS软件做主成分分析[J]. 统计研究,(27):105-108.
李晓华. 2010. 模块化、模块再整合与产业格局的重构:以“山寨”手机的崛起为例[J]. 中国工业经济,(7):136-144.
李忆,司有和. 2008. 探索式创新、利用式创新与绩效:战略与环境的影响[J]. 南开管理评论,11(5):4-12.

李瑛珊. 2014. 珠海航空产业集群创新研究——基于三螺旋模型[J]. 吉林化工学院学报，31（6）：91-95.

李宇，林菁菁. 2013. 产业升级的内生驱动及其企业持续创新本质挖掘[J]. 改革，（6）：118-127.

李志刚，汤书昆，梁晓艳，等. 2007. 产业集群网络结构与企业创新绩效关系研究[J]. 科学学研究，25（4）：777-782.

梁军. 2008. 产业模块化与产业组织结构优化[J]. 经济体制改革，（4）：68-72.

梁一鸣，张钰灿，董西钏. 2010. 基于结构方程模型的杭州城镇居民食品安全满意度统计评估[J]. 统计教育，（5）：9-15.

廖成林，仇明全，龙勇. 2008. 企业合作关系、敏捷供应链和企业绩效间关系实证研究[J]. 系统工程理论与实际，28（6）：115-125.

林春培，张振刚. 2014. 过程视角下企业吸收能力组成与结构的实证研究[J]. 科研管理，35（2）：25-34.

林聚任. 2010. 社会网络分析：理论、方法与应用[M]. 北京：北京师范大学出版社.

林嵩. 2008. 结构方程模型原理及 AMOS 应用[M]. 武汉：华中师范大学出版社.

刘丹鹭，岳中刚. 2011. 逆向研发外包与中国企业成长——基于长江三角洲地区自主汽车品牌的案例研究[J]. 产业经济研究，（4）：44-52.

刘洪伟，何美丽. 2015. 联盟组合成员多元化与企业创新绩效之间的关系——基于吸收能力调节作用的仿真研究[J]. 软科学，29（4）：57-62.

刘景江. 2004. 企业核心业务外包探析——以软件产业为例[J]. 中国软科学，（7）：64，82-86.

刘兰剑. 2014. 网络能力、网络地位与创新绩效——产业控制力来源的另一个视角[J]. 科研管理，35（12）：17-25.

刘全，刘汀. 2010. 关于调查问卷内部一致性信度的评价与研究[J]. 中国统计，（9）：49-51.

刘维林. 2012. 产品架构与功能架构的双重嵌入——本土制造业突破 GVC 低端锁定的攀升途径[J]. 中国工业经济，（1）：152-160.

刘志彪. 2009. 国际外包视角下我国产业升级问题的思考[J]. 中国经济问题，（1）：6-15.

刘志彪. 2011. 重构国家价值链：转变中国制造业发展方式的思考[J]. 世界经济与政治论坛，（4）：1-14.

刘志彪. 2012. 基于内需的经济全球化：中国分享第二波全球化红利的战略选择[J]. 南京大学学报（哲学·人文科学·社会科学），（2）：51-59.

刘志彪，张杰. 2009. 从融入全球价值链到构建国家价值链：中国产业升级的战略思考[J]. 学术月刊，41（9）：59-68.

陆瑶，徐利新. 2012. 专业市场品牌网络及其绩效测定——基于义乌“中国小商品城”的研究[J]. 商业经济与管理，（2）：14-21.

罗顺均. 2015. 企业吸收能力对“引智”学习的影响研究——珠江钢琴纵向案例研究[J]. 科学学与科学技术管理，36（2）：122-131.

马淼森，赵敏. 2014. 我国省级行政区知识吸收能力比较研究：一种新的视角[J]. 科技管理研究，（15）：153-158.

马鹏，李文秀. 2010. 产业集群的影响因素识别实证研究[J]. 岭南学刊，（2）：107-111，116.

马士华，谭勇，龚凤美. 2007. 工业企业物流能力与供应链绩效关系的实证研究[J]. 管理学报，4（4）：493-500.

马文聪，朱桂龙. 2011. 环境动态性对技术创新和绩效关系的调节作用[J]. 科学学研究，29（3）：454-460.

马歇尔 A. 1964. 经济学原理（上卷）[M]. 朱志泰译. 北京：商务印书馆.

梅述恩，聂鸣. 2007. 嵌入全球价值链的企业集群升级路径研究——以晋江鞋企业集群为例[J]. 科研管理，28（4）：30-35.

孟雪. 2011. 反向服务外包对我国生产率的影响——生产性服务业的实证分析[J]. 国际贸易问题，(7)：65-79.
孟雪. 2012. 反向服务外包如何影响中国的就业结构——以中国作为发包国的视角分析[J]. 国际贸易问题，(9)：82-95.
牟绍波，任家华. 2009. 高新技术产业集群自主创新动力机制研究——基于集群创新文化视角[J]. 科技管理研究，(12)：325-326，332.
牟绍波，任家华，田敏. 2013. 开放式创新视角下装备制造业创新升级研究[J]. 经济体制改革，(1)：175-179.
潘宏亮. 2015. 都市圈协同创新、知识吸收能力与中小企业升级关系研究——以中原经济区为例[J]. 中国科技论坛，(1)：96-101.
潘松挺，蔡宁. 2010. 企业创新网络中关系强度的测量研究[J]. 中国软科学，(5)：108-115.
彭本红，张丹平. 2013. 模块化视角下大型客机产业升级路径研究[J]. 工业技术经济，(6)：10-16.
钱方明. 2013. 基于NVC的长三角传统制造业升级机理研究[J]. 科研管理，34（4）：74-78.
青木昌彦，安藤晴彦. 2003. 模块时代：新产业结构的本质[M]. 周国荣译. 上海：上海远东出版社.
芮明杰，张琰. 2008. 模块化组织理论研究综述[J]. 当代财经，(3)：122-128.
石明虹，胡茉. 2013. 集群式创新的路径选择研究[J]. 科学学与科学技术管理，34（11）：53-59.
石忆邵，陈永鉴，蒲晟. 2012. 上海区县优势产业集群的辨识研究[J]. 科技管理研究，(1)：151-155.
苏蒙珂. 2009. 模块化与产业集群组织模式选择研究[D]. 郑州大学硕士学位论文.
孙红燕，吕民乐. 2013. 国际代工中的技术转移：一个激励理论模型[J]. 科技与经济，26（3）：6-11.
孙喜. 2014. 产品开发与产业升级——中国车用柴油机工业的历史教训[J]. 产业经济研究，(3)：11-21.
汤临佳，池仁勇. 2012. 产业集群结构、适应能力与升级路径研究[J]. 科研管理，33（1）：1-9.
唐华明，吴凤羽. 2014. 从服务外包到反向服务外包：一个文献综述[J]. 产业经济，(10)：195-196.
唐丽艳，周建林，王国红. 2014. 社会资本、在孵企业吸收能力和创新孵化绩效的关系研究[J]. 科研管理，35（7）：51-59.
陶锋. 2011. 吸收能力、价值链类型与创新绩效——基于国际代工联盟知识溢出的视角[J]. 中国工业经济，(1)：140-150.
田依林. 2011. 产业集群升级路径选择研究[J]. 科技进步与对策，28（12）：53-57.
万坤扬，陆文聪. 2014. 公司创业投资与企业技术创新——吸收能力、卷入强度和治理结构的调节作用[J]. 科学学与科学技术管理，35（11）：117-128.
王朝晖. 2014. 承诺型人力资源管理与探索式创新：吸收能力的多重中介效应[J]. 科学学与科学技术管理，35（10）：170-180.
王德建. 2010. 模块化生产与中国地方产业集群升级研究[J]. 东岳论丛，31（12）：43-45.
王发明，蔡宁，朱浩义. 2006. 基于网络结构视角的产业集群风险研究——以美国128公路区产业集群衰退为例[J]. 科学学研究，6（24）：885-889.
王国顺，刘若斯. 2009. 网络嵌入性对企业出口绩效影响的实证研究[J]. 系统工程，27(6)：54-60.
王海杰. 2013. 全球价值链分工中我国产业升级问题研究评述[J]. 经济纵横，(6)：113-116.
王缉慈，王敬甯. 2007. 中国产业集群研究中的概念性问题[J]. 世界地理研究，16（4）：89-97.
王娇俐，王文平，王为东. 2013. 产业集群升级的内生动力及其作用机制研究[J]. 商业经济与管理，(2)：90-96.
王娟茹，杨瑾. 2012. 航空复杂产品团队知识集成关键影响因素研究[J]. 科研管理，33(3)：72-80.
王雷，姚洪心. 2014. 全球价值链嵌入对集群企业创新绩效的影响[J]. 科研管理，35（6）：41-46.

王诗翔，魏江，路瑶. 2014. 跨国技术并购中吸收能力与技术绩效关系研究——基于演化博弈论[J]. 科学学研究，32（12）：1828-1835.

王霄宁，王铁. 2005. 新经济社会学视角下基于社会网络分析的产业集群定量化研究[J]. 探索，（3）：95-99.

韦伯 A. 1997. 工业区位论[M]. 李刚剑，陈志人，张英保译. 北京：商务印书馆.

魏江，徐蕾. 2011. 集群企业知识网络双重嵌入演进路径研究——以正泰集团为例[J]. 经济地理，31（2）：247-253.

魏江，朱海燕，孙凯. 2007. 产业集群网络化创新过程与创新绩效的实证研究[J]. 中国青年科技，（3）：8-14.

温忠麟，张雷，侯杰泰. 2006. 有中介的调节变量和有调节的中介变量[J]. 心理学报，38（2）：448-452.

温忠麟，刘红云，侯杰泰. 2012. 调节效应和中介效应分析[M]. 北京：教育科学出版社.

邬爱其，张学华. 2006. 产业集群升级中的匹配性地方政府行为——以浙江海宁皮革产业集群为例[J]. 科学学研究，24（6）：878-884.

吴白云，王影，雷星晖. 2014. 公司创业、组织间学习和产业集群升级的关系研究[J]. 技术经济与管理研究，（6）：27-33.

吴福象，曹璐. 2014. 生产性服务业集聚机制与耦合悖论分析——来自长三角 16 个核心城市的经验证据[J]. 产业经济研究，（4）：13-21.

吴航，陈劲，金珺. 2012. 新兴经济国家高技术企业技术资源与国际化关系研究——来自“中国光谷”产业园区的证据[J]. 科学学研究，30（6）：870-876.

吴航，陈劲，郑小勇. 2014. 新兴经济体中企业国际多样化与创新绩效：所有权结构的调节效应[J]. 科研管理，35（11）：77-83.

吴俊杰，盛亚. 2011. 网络强度、网络开放度对产业集群绩效的影响机制研究——以浙江产业集群为例[J]. 经济地理，（31）：1867-1873.

吴义爽，蔡宁. 2010. 我国集群跨越式升级的“跳板”战略研究[J]. 中国工业经济，（10）：55-64.

武建龙，王宏起. 2014. 战略性新兴产业突破性技术创新路径研究——基于模块化视角[J]. 科学学研究，32（4）：508-518.

夏德，程国平. 2003. 企业集群与供应链的共生性研究[J]. 研究与发展管理，15（6）：62-66.

谢洪明，张霞蓉，程聪，等. 2012a. 网络关系强度、企业学习能力对技术创新的影响研究[J]. 科研管理，33（2）：55-62.

谢洪明，赵华锋，张霞蓉. 2012b. 网络关系嵌入与管理创新绩效之间的关系——基于知识流入的视角[J]. 技术经济，31（5）：18-23.

解学梅，徐茂元. 2014. 协同创新机制、协同创新氛围与创新绩效——以协同网络为中介变量[J]. 科研管理，35（12）：9-16.

辛冲，郭鑫. 2014. 文化导向型组织创新对技术创新的影响：基于知识吸收能力的中介作用——来自中国高技术制造业的经验数据[J]. 研究与发展管理，26（6）：90-98.

熊英，马海燕，刘义胜. 2012. 全球价值链、租金来源与解释局限——全球价值链理论新近发展的研究综述[J]. 管理评论，22（12）：120-125.

徐航，何锐，许爱荣，等. 2012. 2002~2011 年我国 RSM 分析法研究文献分析[J]. 广州化工，（12）：4-6.

徐康宁，冯伟. 2010. 基于本土市场规模的内生化产业升级：技术创新的第三条道路[J]. 中国工业经济，（11）：58-67.

徐毅，张二震. 2008a. 外包与生产率：基于工业行业数据的经验研究[J]. 经济研究，（1）：103-113.

徐毅，张二震. 2008b. FDI、外包与技术创新：基于投入产出表数据的经验研究[J]. 世界经济，（9）：41-48.

许树辉，谷人旭. 2013. 欠发达地区技术创新的产业升级效应研究——以韶关制造业为例[J]. 世界地理研究，22（2）：61-68.

阳银娟，陈劲. 2015. 开放式创新中市场导向对创新绩效的影响研究[J]. 科研管理，36（3）：103-110.

杨瑾，王文苑. 2013. 陕西省航空产业集群绩效关键影响因素研究[J]. 西北工业大学学报（社会科学版），33（4）：17-21，46.

杨俊，张玉利，杨晓非，等. 2009. 关系强度、关系资源与新企业绩效——基于行为视角的实证研究[J]. 南开管理评论，12（4）：44-54.

杨锐，黄国安. 2005. 网络位置和创新——杭州手机产业集群的社会网络分析[J]. 工业技术经济，24（7）：114-118.

杨文生，易明. 2008. 基于平衡记分卡的产业集群绩效评价[J]. 商业研究，（1）：54-57.

杨枝煌. 2005. 中国金融模块化与现代化[J]. 财经问题研究，（6）：14-20.

叶洪涛. 2010. 基于模块化分工的中国产业升级研究[J]. 经济与管理，24（12）：15-18.

尤振来，刘应宗. 2008. 西方产业集群理论综述[J]. 西北农林科技大学学报（社会科学版），（8）：62-67.

于伟，倪慧君. 2010. 基于模块化的高技术产业集群治理和升级机制分析[J]. 宏观经济研究，（8）：61-64.

岳中刚. 2014. 逆向研发外包与企业创新绩效：基于汽车产业的实证研究[J]. 国际商务（对外经济贸易大学学报），（6）：97-106.

岳中刚，刘志彪. 2011. 基于渠道控制的国内价值链构建模式分析：以苏宁电器为例[J]. 商业经济与管理，（6）：5-12.

张辉. 2004. 全球价值链下地方产业集群——以浙江平湖光机电产业为例[J]. 产业经济研究，（6）：27-33.

张辉. 2005. 全球价值链下地方产业集群升级模式研究[J]. 中国工业经济，（9）：11-18.

张徽燕，何楠，高远辉. 2014. 组织学习能力、双元性创新与企业绩效间关系的实证研究[J]. 技术经济，33（5）：40-45，111.

张杰，李勇，刘志彪. 2010. 基于发展中国家异质性模仿的分析[J]. 经济学（季刊），（4）：1261-1286.

张少军，刘志彪. 2009. 全球价值链模式的产业转移——动力、影响与对中国产业升级和区域协调发展的启示[J]. 中国工业经济，（11）：5-15.

张扬. 2009. 社会资本和知识溢出对产业集群升级的影响研究[D]. 吉林大学博士学位论文.

张耀伟. 2012. 基于集群创导导向的航空产业集群治理评价研究[J]. 管理学报，9（2）：244-249.

张益丰. 2010. 基于 GVC 与 NVC 嵌套式地方产业集群升级研究[J]. 上海经济研究，（1）：65-72.

张月友，刘丹鹭. 2013. 逆向外包：中国经济全球化的一种新战略[J]. 中国工业经济，（5）：70-82.

赵军，时乐乐. 2012. 中国产业集群绩效评价——基于区域经济发展的视角[J]. 经济问题探索，（9）：78-84.

赵丽，孙林岩，李刚，等. 2011. 中国制造企业供应链整合与企业绩效的关系研究[J]. 管理工程学报，25（3）：1-9.

赵囡囡，卢进勇，周升起. 2012. 产品内分工的生产组织模式选择——基于中国产业角度的实证研究[J]. 世界经济研究，（10）：22-28.

郑华良. 2012. 地理搜寻对集群企业创新绩效的影响：吸收能力的调节作用[J]. 科学学与科学技术管理，33（5）：46-55.

郑准，王炳富，程志宇. 2014. 知识守门者行为与产业集群升级——基于“微观异质”与“行为导向”的理论视角[J]. 科学学研究，32（4）：578-584.

周炯，杨平儿. 2011. 陕西省航空产业集群绩效评价的实证研究[J]. 科技进步与对策，28（23）：

54-59.

周立新. 2010. 网络结构、关系治理与家族企业网络组织学习——基于东西部地区的实证[J]. 软科学，9（24）：87-91.

朱海燕. 2009. 产业集群升级：内涵、关键要素与机理分析[J]. 科学学研究，26（S2）：380-390.

朱海燕，魏江. 2009. 集群网络结构演化分析——基于知识密集型服务机构嵌入的视角[J]. 中国工业经济，（10）：58-66.

邹波，郭峰，熊新，等. 2015. 企业广度与深度吸收能力的形成机理与效用——基于 264 家企业数据的实证研究[J]. 科学学研究，33（3）：432-439.

左和平，杨建仁. 2011. 基于面板数据的中国陶瓷产业集群绩效实证研究[J]. 中国工业经济，（9）：78-87.

Ahuja G，Lampert C. 2001. Entrepreneurship in the large corporation：a longitudinal study of how established firms create breakthrough inventions[J]. Strategic Management Journal，22（6~7）：521-543.

Aldo R，Passiante G，Elia V. 2000. A model of connectivity for regional development in the learning economy[R]. European Regional Science Association.

An T X，Fan Y J，Zhang H. 2011. An analysis of the model of china's industrial restructuring and upgrading-borrowing ideas from the experience of Japan[J]. Energy Procedia，（5）：1461-1466.

Andersson U，Holm D B，Johanson M. 2007. Moving or doing? Knowledge flow，problem solving，and change in industrial networks[J]. Journal of Business Research，60（1）：32-40.

Arbussà A，Coenders G. 2007. Innovation activities，use of appropriation instruments and absorptive capacity：evidence from Spanish firms[J]. Research Policy，36（10）：1545-1558.

Azadegan A，Wagner S M. 2011. Industrial upgrading，exploitative innovations and explorative innovations[J]. International Journal of Production Economics，130（1）：54-65.

Baldwin C Y，Clark K B. 1997. Managing in an age of modularity[J]. Harvard Business Review，75（5）：84-93.

Baldwin C Y，Clark K B. 2000. Design Rules：The Power of Modularity[M]. Cambridge：MIT Press.

Baptista R，Swann P. 1998. Do firms in clusters innovate more[J]. Research Policy，27（5）：525-540.

Barden J Q，Mitchell W. 2007. Disentangling the influences of leaders'relational embeddedness on interorganizational exchange[J]. Academy of Management Journal，50（6）：1440-1461.

Baron R M，Kenny D A. 1986. The moderator-mediator variable distinction in social psychological research：conceptual，strategic，and statistical considerations[J]. Journal of Personality and Social Psychology，51（6）：1173-1182.

Beamon B M. 1999. Measuring supply chain performance[J]. International Journal of Operations & Production Management，19（3）：275-292.

Beaudry C，Breschi S. 2003. Are firms in clusters really more innovative? [J]. Economics of Innovation & New Technology，12（4）：325-342.

Becattini G. 1991. Italian industrial districts：problems and perspectives[J]. International Studies of Management and Organization，21（1）：83-90.

Becattini G. 2002. Industrial sectors and industrial districts：tools for industrial analysis[J]. European Planning Studies，10（4）：483-493.

Benner M J，Tushman M L. 2003. Exploitation，exploration，and process management：the productivity dilemma revisited[J]. Academy of Management Review，（2）：238-256.

Bhagwat R，Sharma M K. 2007. Performance measurement of supply chain management：a balanced scorecard approach[J]. Computers & Industrial Engineering，53（1）：43-62.

Blume M，Appel A W. 1999. Hierarchical modularity[J]. ACM Transactions on Programming

Languages and Systems，21（4）：813-847.

Borenstein M，Hedges L V，Higgins J P T，et al. 2009. Introduction to Meta-Analysis[M]. Chichester：John Wiley & Sons.

Brenner T，Mühlig A. 2012. Factors and mechanisms causing the emergence of local industrial clusters：a summary of 159 cases[J]. Regional Studies，47（4）：480-507.

Breschi S，Malerba F. 2001. The geography of innovation and economic clustering：some introductory notes[J]. Industrial and Corporate Change，10（4）：817-833.

Burt R S. 1995. Structural Holes：The Social Structure of Competition[M]. Cambridge：Harvard University Press.

Cao M，Zhang Q. 2011. Supply chain collaboration：impact on collaborative advantage and firm performance[J]. Journal of Operations Management，29（3）：163-180.

Capaldo A. 2007. Network structure and innovation：the leveraging of a dual network as a distinctive relational capability[J]. Strategic Management Journal，28（6）：585-608.

Cassiman B，Veugelers R. 2006. In search of complementarity in innovation strategy：internal R&D and external knowledge acquisition[J]. Management Science，52（1）：68-82.

Chang C W，Chiang D M，Pai F Y. 2012. Cooperative strategy in supply chain networks[J]. Industrial Marketing Management，41（7）：1114-1124.

Chen F，Drezner Z，Ryan J K，et al. 2000. Quantitying the bullwhip effect in a simple supply chain：the impact of forecasting，leading times，and information[J]. Management Science，46（3）：436-443.

Chen J，Chen Y，Vanhaverbeke W. 2011. The influence of scope，depth，and orientation of external technology sources on the innovative performance of Chinese firms[J]. Technovation，31（8）：362-373.

Chesbrough H. 2003. The era of open innovation[J]. Sloan Management Review，44（3）：35-41.

Cheung G W，Rensvold R B. 2001. The effects of model parsimony and sampling error on the fit of structural equation models[J]. Organizational Research Methods，4（3）：236-264.

Chiaroni D，Chiesa V. 2006. Forms of creation of industrial clusters in biotechnology[J]. Technovation，26（9）：1064-1076.

Chiarvesio M，Maria E D，Micelli S. 2013. Sourcing from northern and southern countries：the global value chain approach applied to Italian SMEs[J]. Transition Studies Review，20（3）：389-404.

Christensen C. 1997. The Innovator's Dilemma：When New Technologies Cause Great Firms to Fail[M]. Boston：Harvard Business School Press.

Chung T W. 2009. A study on selections of strategic type of business in air-logistics industry clusters[J]. The Asian Journal of Shipping and Logistics，25（1）：83-102.

Cohen W M，Levinthal D A. 1990. Absorptive capacity：a new perspective on learning and innovation[J]. Administrative Science Quarterly，35（1）：128-152.

Colander D. 2000. The death of neoclassical economics[J]. Journal of the History of Economic Thought，22（2）：127-143.

Cooke P，Morgan K. 1998. The Creative Milieu：A Regional Perspective on Innovation，the Handbook of Industrial Innovation[M]. Cheltenham：Edward Elgar.

Cooper H M. 1989. Integrating Research：A Guide for Literature Reviews[M]. Newbury Park：Sage Publications.

Davidsson P，Honig B. 2003. The role of social and human capital among nascent entrepreneurs[J]. Journal of Business Venturing，18（3）：301-331.

del Carmen Haro-Domínguez M，Arias-Aranda D，Javier Lloréns-Montes F，et al. 2007. The impact of absorptive capacity on technological acquisitions engineering consulting companies[J]. Technovation, 27（8）: 417-425.

Deloitte Consulting. 1999. Energizing the supply chain : trends and issues in supply chain management[R].

Elfring T, Hulsink W. 2003. Networks in entrepreneurship: the case of high-technology firms[J]. Small Business Economics, 21（4）: 409-422.

Elisa G, Carlo P, Roberta R. 2005. Upgrading in global value chains: lessons from latin American clusters[J]. World Development, 33（4）: 549-573.

Emst D. 2005. Limits to modularity: reflections on recent developments in chip design[J]. Industry and Innovation,（12）: 303-335.

Escribanoa A, Fosfurib A, Tribó J. 2009. Managing external knowledge flows: the moderating role of absorptive capacity[J]. Research Policy, 38（1）: 96-105.

Ethiraj S K, Levinthal D. 2004. Modularity and innovation in complex systems[J]. Management Science, 50（2）: 159-173.

Felzensztein C. 2008. Clusters, social networks and marketing collaboration in small firms: exploratory evidence from Chile and Scotland[J]. International Journal of Entrepreneurship & Small Business, 6（2）: 230-244.

Feser E, Isserman A. 2009. The rural role in national value chains[J]. Regional Studies, 43(1): 89-109.

Flatten T C, Engelen A, Zahra S A, et al. 2011. A measure of absorptive capacity: scale development and validation[J]. European Management Journal, 29（2）: 98-116.

Florences S. 1944. The selection of industries suitable for dispersion into rural areas[J]. Journal of Royal Statistical Society, 107（2）: 93-116.

Frederic S, Gereffi G. 2011. Upgrading and restructuring in the global apparel value chain: why China and Asia are outperforming Mexico and Central America[J]. International Journal of Technological Learning Innovation and Development, 4（1）: 67-95.

Georgiadis M C, Tsiakis P, Longinidis P, et al. 2011. Optimal design of supply chain networks under uncertain transient demand variations[J]. Omega, 39（3）: 254-272.

Gereffi G. 1999a. International trade and industrial upgrading in the apparel commodity chain[J]. Joural of International Economics, 48（1）: 37-70.

Gereffi G. 1999b. Industrial upgrading in the apparel commodity chain: what can Mexico learn from East Asia?[R]. Paper Presented at International Conference on Business Transformations and Social Change in East Asia.

Giuliani E. 2005. The structure of cluster knowledge networks: uneven and selective, not pervasive and collective[J]. Applied Evolutionary Economics & Economic Geography,（7）: 5-11.

Granovetter M. 1973. The strength of weak ties[J]. The American Journal of Sociology, 78（6）: 1360-1380.

Granovetter M. 1985. Economic action and social structure: the problem of embeddedness[J]. American Journal of Sociology, 91（3）: 481-510.

Grossman G M, Helpman E. 2005. Outsourcing in a global economy[J]. Review of Economic Studies, 72（1）: 135-159.

Gulati R, Sytch M. 2007. Dependence asymmetry and joint dependence in interorganizational relationships: effects of embeddedness on a manufacturer, performance in procurement relationship[J]. Administrative Science Quarterly, 51（1）: 32-69.

Gulati R, Nohria N, Zaheer A. 2000. Strategic networks[J]. Strategic Management Journal, 21（3）: 203-215.

Harison B. 1992. Industrial district：old wine in new bottles?[J]. Research Policy，26（4）：469-483.

Harkanson H. 1987. Industrial Technological Development：A Network Approach[M]. London：Pinter.

Harrison A，New C. 2002. The role of coherent supply chain strategy and performance management in achieving competitive advantage：an international survey[J]. Journal of the Operational Research Society，（53）：263-271.

He Z L，Wong P K. 2004. Exploration vs exploitation：an empirical test of the ambidexterity hypothesis[J]. Organization Science，15（4）：481-494.

Hendry C，Brown J. 2006. Organizational networking in UK biotechnology clusters[J]. British Journal of Management，3（17）：55-73.

Hite J M. 2000. Qualities of embedded network ties of emerging entrepreneurial firms[EB/OL]. http: //fusionmx.babson.edu/entrep/fer/IV/IVC/IVC.htm.

Hoang H，Antoncic B. 2003. Network-based research in entrepreneurship：a critical review[J]. Journal of Business Venturing，（18）：165-187.

Hogan R，Curphy G，Hogan J. 1994. What we know about leadership：effectiveness and personality[J]. American Psychologist，49（3）：493-504.

Huang S，Lin S. 2002. Effeets of information sharing on supply chain performance in electronic commerce[J]. IEEE Transactions on Engineering Management，49（3）：258-268.

Humphrey J，Schmitz H. 2000. Governance and upgrading：linking research on industrial districts and global value chains[C]. Institute of Development Studies：265-289.

Humphrey J，Schmitz H. 2002. How does insertion in global value chains affect upgrading in industrial clusters[J]. Regional Studies，36（9）：1017-1027.

Iammarino S，McCann P. 2006. The structure and evolution of industrial clusters：transactions，technology and knowledge spillovers[J]. Research Policy，（35）：1018-1036.

Inkpen A，Tsang E. 2005. Social capital，networks，and knowledge transfer[J]. Academy of Management Review，30（1）：146-165.

James L R，Brett J M. 1984. Mediators，moderators，and tests for mediation[J]. Journal of Applied Psychology，69：307-321.

Jansen J J P，Volberda H W，van den Bosch F A J. 2005. Exploratory innovation，exploitative innovation，and ambidexterity：the impact of environmental and organizational antecedents[J]. Schmalenbach Business Review，57：351-363.

Jaworski B，Kohli A. 1993. Market orientation：antecedents and consequences[J]. Journal of Marketing，57（3）：53-70.

Kaiser H F. 1974. An index of factorial simplicity[J]. Psychometrika，39（1）：31-36.

Kajikawa Y，Takeda Y，Sakata I，et al. 2010. Multiscale analysis of interfirm networks in regional clusters[J]. Technovation，30（3）：168-180.

Kajikawa Y，Mori J，Sakata I. 2012. Identifying and bridging networks in regional clusters[J]. Technological Forecasting & Social Change，79（2）：252-262.

Kale P，Sing H，Raman A P. 2009. Don't integrate your acquisitions，partner with them[J]. Harvard Business Review，（12）：54-60.

Katrak H. 1997. The private use of publicly funded industrial technologies in developing countries：empirical tests for an industrial research institute in India[J]. World Development，25（9）：1541-1550.

Konstadakopulos D. 2004. Learning for Innovation in the Global Knowledge Economy：A European and South-East Asian Perspective[M]. London：Intellect Books.

Krugman P. 2011. The new economic geography, now middle-aged[J]. Regional Studies, 45（1）: 1-7.

Kuchiki A, Tsuji M. 2010. From Agglomeration to Innovation: Upgrading Industrial Clusters in Emerging Economies[M]. New York: Palgrave Macmillan.

Lane P J, Lubatkin M. 1998. Relative absorptive capacity and inter-organizational learning[J]. Strategic Management Journal, 19（5）: 461-477.

Lau H C W, Ho G T S, Zhao Y, et al. 2009. Development of a process mining system for supporting knowledge discovery in a supply chain network[J]. International Journal of Production Economics, 122（1）: 176-187.

Lever S. 1997. An analysis of managerial motivations behind outsourcing practices in human resources[J]. Human Resource Planning, 20（2）: 37-47.

Levinthal D A, March J. 1993. The myopia of learning[J]. Strategic Management Journal, 14: 95-112.

Lin H M, Huang H C, Lin C P, et al. 2012. How to manage strategic alliances in OEM-based industrial clusters: network embeddedness and formal governance mechanisms[J]. Industrial Marketing Management, 41（3）: 449-459.

Lin J L, Fang S C, Fang S R, et al. 2009. Network embeddedness and technology transfer performance in R&D consortia in Taiwan[J]. Technovation, 29（11）: 763-774.

Lorenz E H. 1992. Pathways to Industrialization and Regional Development[M]. London: Routledge.

Lundvall B A. 1992. National Systems of Innovation: Toward a Theory of Innovation and Interactive Learning[M]. London: Pinter Publishers.

Luo Y, Tung R L. 2007. International expansion of emerging market enterprises: a springboard perspective[J]. Journal of International Business Studies, 38（4）: 481-498.

Maloni M, Benton W C. 2000. Power influences in the supply chain[J]. Journal of Business Logistics, 21（1）: 49-73.

Martin P, Ottaviano G. 2001. Growth and agglomeration[J]. International Economic Review, 42（4）: 947-968.

Martin R, Sunley P. 2002. Deconstructing clusters: chaotic concept or policy panacea?[J]. Journal of Economic Geography, 3（1）: 5-35.

Mason-Jones R, Towill D. 1997. Information enrichment: designing the supply chain for competitive advantage[J]. Supply Chain Management, 2（4）: 137-148.

Mazzola F, Bruni S. 2000. The role of linkages in firm performance: evidence from southern Italy[J]. Journal of Economic Behavior and Organization,（43）: 199-221.

MeEvily B, Mareus A. 2005. Embedded ties and the a acquisition of competitive capabilities[J]. Strategic Management Journal, 26（11）: 1033-1055.

Mike H. 1998. Product complexity, innovation and industrial organization[J]. Research Policy, 27（26）: 689-710.

Morosini P. 2004. Industrial clusters, knowledge integration and performance[J]. World Development, 32（2）: 305-326.

Mowery D C, Oxley J E. 1995. Inward technology transfer and competitiveness: the role of national innovation systems[J]. Cambridge Journal of Economics, 19（1）: 67-93.

Nahapiet J, Ghoshal S. 1997. Social capital, intellectual capital and the creation of value in the firms[J]. Academy of Management Annual Meeting Proceedings,（3）: 35-39.

Oyelaran-Oyeyinka B, Lal K. 2006. Learning new technologies by small and medium enterprises in developing countries[J]. Technovation，26（2）：220-231.

Pandit N R，Cook S，Swan G M P. 2001. The dynamics of industrial clustering in British financial services[J]. Research Policy，30（26）：33-61.

Perroux F. 1955. Anoteon the notion of growth pole[J]. Applied Economy，（2）：307-320.

Petersen K J，Ragatz G L，Monczka R M. 2005. An examination of collaborative planning effectiveness and supply chain performance[J]. The Journal of Supply Chain Management，41（2）：14-25.

Pietronelli C，Rabellotti R. 2004. Upgrading in clusters and value chains in latin America-the role of policies[R]. Inter-American Development Bank，Washington，Sustainable Development Department，Best Practices Series.

Porter M E. 1990. The Competitiveness Advantage of Nation [M]. New York：Free Press.

Porter M E. 1998. Clusters and the new economics of competition[J]. Harvard Business Review，12：77-90.

Porter M E. 2000. Location，competition，and economic development：local clusters in a global economic[J]. Economic Development Quarterly，14（1）：15-34.

Press K. 2006. A Life Cycle for Clusters? The Dynamics of Agglomeration，Change and Adoption[M]. Berlin：Springer.

Reese P R，Aldrich H E. 1993. Does networking pay off? A panel study of entrepreneurs in the research triangle[A]//Churchill N S. Frontiers of Entrepreneurship Research[C]. Babson Park：Babson College：325-339.

Rocha H O. 2004. Entrepreneurship and development：the role of clusters[J]. Small Business Economics，（24）：363-400.

Rosenfeld S A. 1997. Bringing business clusters in to the mainstream of economic development[J]. European Planning Studies，5（1）：3-23.

Roveda C，Vecchiato R. 2008. Foresight and innovation in the context of industrial clusters：the case of some Italian districts[J]. Technological Forecasting & Social Change，75（6）：817-833.

Saliola F，Zanfei A. 2009. Multinational firms，global value chains and the organization of knowledge transfer[J]. Research Policy，38（2）：369-381.

Santangelo G D. 2012. The tension of information sharing：effects on subsidiary embeddedness[J]. International Business Review，21（2）：180-195.

Saxenian A，Hsu J. 2001. The Silicon Valley-Hsinchu connection：technological communities and industrial upgrading[J]. Industrial and Corporate Change，10（4）：893-920.

Simatupang T M，Sridharan R. 2004. A benchmarking scheme for supply chain collaboration[J]. Benchmarking，11（1）：9-30.

Simatupang T M，Sridharan R. 2005. The collaboration index：a measure for supply chain collaboration[J]. International Journal of Physical Distribution & Logistics Management，35（1）：44-62.

Simon H A. 1962. The architecture of complexity[J]. Proceedings of the American Philosophical Society，12：467-482.

Siu W S，Bao Q. 2008. Network strategies of small Chinese high-technology firms：a qualitative study[J]. Journal of Product Innovation Management，（25）：79-102.

Song M，Parry M E. 2009. The desired level of market orientation and business unit performance[J]. Journal of the Academy of Marketing Science，37（2）：144-160.

Storper M. 1992. The limits to globalization：technology districts and international trade[J]. Economic Geography，68（1）：60-91.

Tiwana A. 2008. Does interfirm modularity complement ignorance? A field study of software outsourcing alliances[J]. Strategic Management Journal, 29 (11): 1241-1252.

Todorova G, Durisin B. 2007. Absorptive capacity: valuing reconceptualization[J]. Academy of Management Review, 32 (3): 774-786.

Uzzi B. 1997. Social structure and competition in inter-firm networks: the paradox of embeddedness[J]. Administrative Science Quarterly, 42 (1): 35-67.

Walter J, Lechner C, Kellermanns F W. 2007. Knowledge transfer between and within alliance partners: private versus collective benefits of social capital[J]. Journal of Business Research, 60 (7): 698-710.

Wang H, Chen W R. 2010. Is firm-specific innovation associated with greater value appropriation? The roles of environmental dynamism and technological diversity[J]. Research Policy, 39 (1): 141-154.

Xu G N, Liu X F, Zhou Y, et al. 2012. Effects of relational embeddedness on technological innovation: an empirical study in China[J]. Chinese Management Studies, 6 (1): 108-123.

Zahra S A, George G. 2002. Absorptive capacity: a review, reconceptualization, and extension[J]. Academy of Management Review, 27 (2): 185-203.

Zhang Y, Li H Y. 2010. Innovation search of new ventures in a technology cluster: the role of ties with service intermediaries[J]. Strategic Management Journal, 31 (1): 88-109.

Zhou K Z, Li C B. 2010. How strategic orientations influence the building of dynamic capability in emerging economies[J]. Journal of Business Research, 63 (3): 224-231.

附录 1　大型复杂产品制造业集群绩效关键影响因素调查问卷

本问卷中：

产业集群绩效，是指一个产业集群创造财富和技术创新的能力，也即产业集群经营活动的效果，它反映的是集群自身的竞争状况和业绩。另外，从更大范围来看，集群绩效也包括集群的经济带动效应、创新带动效应等。

基本信息：

1. 贵单位的企业年龄为_____

A. 5 年及以下　B. 6~10 年　C. 11~15 年　D. 16 年及以上

2. 您在单位中的职位属于____

A. 高级管理者　B. 中级管理者　C. 基础管理者　D. 技术岗位　E. 其他

3. 您的工作年限为_____

A. 5 年及以内　B. 6~10 年　C. 11~15 年　D. 16 年及以上

影响产业集群绩效的主要因素：

以下问题，请您选择同意程度，并在对应的选项下打“✓”	极不同意	较不同意	一般	比较同意	完全同意
1. 集群文化对企业创新有重要影响					
2. 企业内部信任机制的完善对集群发展有重要影响					
3. 集群内部各企业间的合作能力对财富的创造有重要影响					
4. 企业供销价值链的完整程度对企业业绩的影响很大					
5. 集群内企业间的分工水平对集群发展有重要影响					
6. 集群固定资产的投资数额对集群经济发展有重要影响					
7. 集群的风险投资机制在很大程度上影响了企业业绩的增长					
8. 金融业对企业发展的支持力度对企业创新有重要影响					

续表

以下问题，请您选择同意程度，并在对应的选项下打“✓”	极不同意	较不同意	一般	比较同意	完全同意
9. 政府政策比行业规范对企业经营活动的影响更大					
10. 政府对相关制度的创新能力对集群发展有重要影响					
11. 集群的大工业基础能够使企业创造更多的财富					
12. 基础建设投资越多，集群发展越好					
13. 集群内土地价格越高，集群发展越好					
14. 研发经费支出对集群技术创新有重要影响					
15. 政府科技拨款对企业创新有重要影响					
16. 航空产业从业人员数对企业业绩有重要影响					
17. 市场占有率越高，集群企业业绩越好					
18. 集群的产值利税率对企业业绩的影响作用很大					
19. 航空产业新产品产值比工业总产值对集群发展的影响更大					
20. 航空产业利润总额影响了企业的发展					
21. 企业的专利授权总量对企业业绩有重要影响					
22. 职工培训经费对企业创新有重要影响					
23. 技术合同成交额越高，集群发展越好					
24. 集群内人均生产总值在很大程度上影响了企业的经营活动					
25. 集群生产总值增速越快，集群发展越快					
26. 技术成果的利用情况对企业业绩有重要影响					
27. 企业管理效率对集群发展有重要影响					
28. 集群内大学和科研机构数量影响了集群的创新活动					
29. 知识产权保护力度对集群财富的创造有重要影响					
30. 集群的发展后劲越大，集群企业的竞争优势越大					
31. 集群内正在建设中的企业数量影响了集群的发展					
32. 集群内用于建设新企业的资金数额影响了集群的发展					

附录 2　集群网络结构对大型复杂产品制造业集群绩效影响调查问卷

本问卷中：

产业集群绩效，是指一个产业集群创造财富和技术创新的能力，也即产业集群经营活动的效果，它反映的是集群自身的竞争状况和业绩。另外，从更大范围来看，集群绩效也包括集群的经济带动效应、创新带动效应等。

网络结构分析，是研究者利用实证数据创造的互动结构图来分析网络参与者之间的关系的研究。这里把集群看成一个地理区域内的企业和相关机构组成的网络。

基本信息：

1. 贵单位的企业年龄为_____

A. 5 年及以下　B. 6~10 年　C. 11~15 年　D. 16 年及以上

2. 您在单位中的职位属于____

A. 高级管理者　B. 中级管理者　C. 基础管理者　D. 技术岗位　E. 其他

3. 您的工作年限为_____

A. 5 年及以内　B. 6~10 年　C. 11~15 年　D. 16 年及以上

一、网络结构与网络关系

以下问题，请您选择同意程度，并在对应的选项下打“✓”		极不同意	较不同意	一般	比较同意	完全同意
1.1	相对于基地内其他企业而言，与贵公司联系的上游企业更多					
1.2	相对于基地内其他企业而言，与贵公司联系的下游企业更多					
1.3	相对于基地内其他企业而言，与贵公司联系的同业企业更多					
1.4	相对于基地内其他企业而言，与贵公司联系的政府机构更多					
1.5	相对于基地内其他企业而言，与贵公司联系的科研机构更多					

续表

以下问题，请您选择同意程度，并在对应的选项下打“✓”		极不同意	较不同意	一般	比较同意	完全同意
1.6	相对于基地内其他企业而言，与贵公司联系的金融机构更多					
2.1	基地内大多数企业及其他机构都知道贵公司的名字					
2.2	基地内其他企业及其他机构经常希望贵公司提供帮助					
2.3	基地内其他企业及其他机构经常通过贵公司介绍认识					
3.1	贵公司与基地内的客户、供应商之间建立经常交往关系的很多					
3.2	贵公司与基地内的金融机构、大学、科研机构、中介组织之间建立经常交往关系的很多					
3.3	贵公司与基地内的行业协会、政府部门之间建立经常交往关系的很多					
4.1	贵公司与供应链上企业合作时能够完全信任对方					
4.2	贵公司各主要合作伙伴非常诚实可靠					
4.3	贵公司与供应链上企业合作时很有信用					
5.1	贵公司与供应链上企业合作出现问题时，会得到合作企业的援助					
5.2	贵公司与合作伙伴的各项事务均有良好的日程安排					
5.3	贵公司与供应链上企业能够很好地协商以解决问题					
6.1	贵公司经常为供应链上企业传递信息					
6.2	贵公司与供应链上企业间能彼此分享对方专有信息					
6.3	供应链上企业会及时向贵公司提供有关信息					
6.4	贵公司与供应链上企业间经常进行非正式的信息交流					

二、产业集群绩效的度量

与基地内的其他企业相比，贵公司在以下各方面表现如何？请在对应的选项下打“✓”		极不同意	较不同意	一般	比较同意	完全同意
1.1	相对于基地内其他企业而言，贵公司对固定资产的投资更多					
1.2	相对于基地内其他企业而言，贵公司的投资回收期更短					
1.3	相对于基地内其他企业而言，金融机构对贵公司的支持力度更大					
1.4	相对于基地内其他企业而言，贵公司的外部筹资渠道更多样					
2.1	相对于基地内其他企业而言，贵公司总资产更多					
2.2	相对于基地内其他企业而言，贵公司新产品的产值更大					
2.3	相对于基地内其他企业而言，贵公司产值的利税率更高					
3.1	相对于基地内其他企业而言，贵公司更重视产品或服务的创新					
3.2	相对于基地内其他企业而言，贵公司拥有的专利较多					
3.3	相对于基地内其他企业而言，贵公司开发新产品速度较快					

续表

与基地内的其他企业相比，贵公司在以下各方面表现如何？请在对应的选项下打“✓”		极不同意	较不同意	一般	比较同意	完全同意
3.4	相对于基地内其他企业而言，新产品为贵公司带来的利润更高					
4.1	相对于基地内其他企业而言，贵公司科研经费支出更多					
4.2	相对于基地内其他企业而言，政府对贵公司的拨款更多					
4.3	相对于基地内其他企业而言，贵公司的研发人员更多					
5.1	相对于基地内其他企业而言，贵公司的供应链更完整					
5.2	相对于基地内其他企业而言，贵公司销售渠道更多					
5.3	相对于基地内其他企业而言，贵公司的对外合作能力更强					
5.4	相对于基地内其他企业而言，贵公司的职能分工更细致					
6.1	相对于基地内其他企业而言，贵公司与大学、科研机构的联系更密切					
6.2	相对于基地内其他企业而言，贵公司知识产权保护力度更大					
6.3	相对于基地内其他企业而言，贵公司管理效率更高					

附录 3　网络关系嵌入对集群供应链协同与绩效影响调查问卷

基本信息：

1. 贵单位的企业性质为____

   A. 国有或国有控股　B. 民营　C. 其他

2. 贵单位的企业年龄为____

   A. 5 年及以下　B. 6~10 年　C. 11~15 年　D. 16~20 年　E. 21 年及以上

3. 贵单位的企业规模为____

   A. 1 000 人及以下　B. 1 001~2 000 人　C. 2 001~5 000 人

   D. 5 001~10 000 人　E. 10 001 人及以上

4. 您在贵单位中的职位属于____

   A. 高级管理者　B. 中级管理者　C. 基础管理者　D. 技术岗位　E. 其他

5. 您的工作年限为____

   A. 5 年及以内　B. 6~10 年　C. 11~15 年　D. 16 年及以上

以下问题，请您根据自己的同意程度在对应的选项下打“√”：

题项			极不同意	较不同意	一般	比较同意	完全同意
网络关系嵌入	1.1	与集群供应链伙伴能彼此信守承诺					
	1.2	不会利用集群供应链伙伴方的弱点					
	1.3	不泄露集群供应链伙伴的敏感信息					
	1.4	能够与集群供应链伙伴在战略层面进行信息共享					
	1.5	能够与集群供应链伙伴在管理层面进行信息共享					
	1.6	能够与集群供应链伙伴在作业层面进行信息共享					
	1.7	集群供应链伙伴之间能保持目标的一致性					
	1.8	集群供应链伙伴之间能互相协作克服困难					
	1.9	集群供应链伙伴之间能相互负责约定的任务					

续表

题项			极不同意	较不同意	一般	比较同意	完全同意
集群供应链协同能力	2.1	集群供应链伙伴的长期计划能够被整合					
	2.2	集群供应链伙伴能够进行协同决策评估					
	2.3	集群供应链伙伴能联合生成订单以及进行产品配送					
	2.4	集群供应链伙伴能准时交货					
	2.5	集群供应链伙伴能按需交付产品或提供服务					
	2.6	集群供应链伙伴的产品可靠程度高					
	2.7	集群供应链伙伴能够共同分享价格优惠					
	2.8	集群供应链伙伴共担风险程度较高					
	2.9	集群供应链伙伴共享利益程度较高					
集群供应链绩效	3.1	集群供应链能够较好地保障产品质量					
	3.2	集群供应链能够保持较高流程柔性					
	3.3	集群供应链能提高响应客户需求的速度					
	3.4	集群供应链能够较好地控制成本					
	3.5	集群供应链能够不断提升投资回报率					
	3.6	集群供应链能够不断提升销售利润率					

附录 4　大型复杂产品制造业集群模块化升级路径研究调查问卷

本问卷中：

航空产业集群：在有限地域的航空产业或产品生产中（通常以一个主导产业为核心），大量企业及相关支撑机构（包括供应商、生产商、顾客、地方政府、中介组织、知识生产机构等）依靠比较稳定的分工协作和纵横交错的网络关系形成有利于产业组织协调的空间经济组织形式。

模块化：解决一个复杂问题时自顶向下逐层把硬件或软件系统划分成若干模块的过程。每个模块完成一个特定的子功能，模块之间相互独立，或者近似独立，模块间联系远少于模块内部；模块可以按照设计规则分散设计（即分布设计）并独立测试，同类模块相互竞争，所有的模块可以供自由选择，按某种方法组装起来，成为一个整体，完成整个系统所要求的功能。

集群探索性创新：集群企业借助新知识和新技术或者脱离原有知识和技术轨迹来进行新的设计、开拓新的市场或开辟新的分销渠道，旨在满足正在形成的市场和顾客需求的创新，类似于突破性创新。

集群开发性创新：集群企业在既有知识、技术的基础上提升组织的既有技能、过程和结构，旨在满足既有市场和客户需求的创新，类似于渐进性创新。

基本信息：

1. 贵单位的企业年龄为____

   A. 5 年及以下　B. 6~10 年　C. 11~15 年　D. 16 年及以上

2. 您在贵单位中的职位属于____

   A. 高级管理者　B. 中级管理者　C. 基础管理者　D. 技术岗位　E. 其他

3. 您的工作年限为____

   A. 5 年及以内　B. 6~10 年　C. 11~15 年　D. 16 年及以上

以下问题，请您根据自己的同意程度在对应的选项下打"√"：

		题项	极不同意	较不同意	一般	比较同意	完全同意
产品模块化	1.1	根据功能将产品分为若干个子模块					
	1.2	各子模块之间界限明确					
	1.3	子模块之间有明确的技术接口规范或标准					
	1.4	各子模块的运作是相对独立的					
	1.5	各子模块均按系统集成商设计的标准进行生产					
	1.6	各子模块供应商可以根据系统集成商的要求自主调整各子模块的设计、生产					
集群探索性创新	2.1	集群中的企业一直努力寻求新的、具有发展前景的新技术					
	2.2	集群中的企业勇于承担风险来开发新的技术或产品					
	2.3	集群企业积极开拓新的市场					
	2.4	集群善于采用新的组织或管理方式					
	2.5	集群经常能从外部引入新的知识、技术、产品或服务					
	2.6	集群企业在既有市场上试验新的产品和服务					
集群开发性创新	3.1	集群企业努力改进现有的产品和服务质量					
	3.2	集群企业经常巩固和扩大现有市场规模					
	3.3	集群企业努力提高生产或组织的灵活性和供应效率					
	3.4	集群企业注意降低生产和服务成本					
	3.5	集群企业努力为现有客户不断提供更多的服务					
环境动态性	4.1	行业生产或服务的技术经常发生变化					
	4.2	行业中新技术或新产品/服务设计时常出现					
	4.3	市场上的客户需求变化较快					
	4.4	政治环境变化激烈，不稳定					
环境竞争性	5.1	市场上各模块供应商的竞争十分激烈					
	5.2	市场上替代模块产品出现的频率很快					
	5.3	市场上有限的资源致使各模块供应商之间的竞争非常激烈					
集群工艺流程升级	6.1	集群企业对生产工艺或生产组织进行创新和改进的速度快					
	6.2	与三年前比，集群企业现有生产设备和工艺的技术水平更先进					
	6.3	与三年前比，集群企业目前的生产组织更合理					
	6.4	与三年前比，集群企业目前生产成本更低					

续表

题项			极不同意	较不同意	一般	比较同意	完全同意
集群产品升级	7.1	集群中的企业成功推出新产品的种类多					
	7.2	集群企业成功推出新产品的速度快					
	7.3	集群企业目前产品的技术含量高					
集群功能升级	8.1	集群企业已经从制造环节拓展到产品营销环节					
	8.2	集群企业已经把物流纳入工作范围之内					
	8.3	集群企业已经积累了较强的设计能力，可在一定程度上按需求生产产品					
	8.4	集群内企业已经开拓了自主品牌和终端市场					

附录5　基于逆向外包的大型复杂产品制造业集群升级机理调查问卷

本问卷中：

逆向外包：发展中国家主动向发达国家发起的生产和服务外包，体现为发展中国家主动委托发达国家加工或定制系统子模块或分系统，发展中国家在发达国家设立研发中心、进行合作研发及并购研发中心等。

大型复杂产品制造业集群升级：大型复杂产品制造业集群在全球分工体系下通过逆向生产外包和逆向服务外包，提升集群技术创新绩效，实现集群整体工艺流程升级、产品升级和功能升级。

知识吸收能力：识别、获取和消化外部新知识与新信息的价值，最终实现商业化应用的能力，包括知识识别与获取能力、知识理解与消化能力以及知识转化与应用能力。知识识别与获取能力是指识别、评估和取得相关外部新知识的能力；知识理解与消化能力是指对获得的新知识进行分析和掌握的能力；知识转化与应用能力是指将获取的新知识与现有知识进行整合，实现商业化产出的能力。

基本信息：

1. 本企业的年龄为____

   A. 5年及以下　B. 6~10年　C. 11~15年　D. 16年及以上

2. 本企业的规模为____

   A. 600人及以下　B. 601~1 000人　C. 1 001~1 400人　D. 1 401人及以上

3. 您在本企业的职位为____

   A. 基础管理者　B. 中级管理者　C. 高级管理者　D. 技术工程师

4. 您的工作年限为____

   A. 5年及以内　B. 6~10年　C. 11~15年　D. 16年及以上

以下问题，请您根据自己的认同程度在对应的选项下打“√”：

题项			极少	较少	一般	较多	非常多
逆向生产外包	1.1	本企业主动向发达国家采购零部件和新材料等中间产品					
	1.2	本企业主动委托发达国家加工系统子模块					
	1.3	本企业主动委托发达国家定制分系统					
逆向服务外包	2.1	本企业设定产品标准，委托发达国家按标准研制产品或系统					
	2.2	本企业在发达国家利用其先进的人力资源设立了研发中心					
	2.3	本企业与发达国家进行了合作研发					
	2.4	本企业并购了发达国家的研发中心					
	2.5	本企业并购了发达国家的品牌和营销渠道					
题项			极不同意	较不同意	一般	比较同意	完全同意
集群技术创新绩效	3.1	近 3 年本企业的新产品数量较多					
	3.2	近 3 年本企业的新产品开发速度较快					
	3.3	近 3 年本企业的新产品的技术含量较高					
	3.4	近 3 年本企业的新产品市场占有率较高					
	3.5	近 3 年本企业的新产品销售额占销售总额的比重较高					
	3.6	近 3 年本企业的创新项目的技术成功率较高					
	3.7	近 3 年本企业的创新项目的市场成功率较高					
	3.8	近 3 年本企业申请专利的数量较多					
知识识别与获取能力	4.1	本企业能快速发现行业内相关的知识与信息					
	4.2	本企业能有效评估相关新知识与新信息的价值					
	4.3	本企业能有效获取相关的新知识与新信息					
	4.4	本企业能有效搜集相关的新知识与新信息					
	4.5	本企业获取新知识与新信息的渠道较多					
	4.6	本企业能和行业内其他企业或科研机构交换知识与信息					
	4.7	本企业的外聘专家会定期召开新知识与新信息的分享会议					

续表

		题项	极不同意	较不同意	一般	比较同意	完全同意
知识理解与消化能力	5.1	本企业能够快速理解已获得的新知识与新信息					
	5.2	本企业能够快速掌握已获得的新知识与新信息					
	5.3	本企业能有效分析和处理已获得的新知识与新信息					
	5.4	新知识和新信息能够在本企业迅速传递					
	5.5	本企业内部可以实现新想法和新理念的跨部门交流					
	5.6	本企业定期性进行跨部门会议交流					
知识转化与应用能力	6.1	本企业有能力重构和使用已获得的知识					
	6.2	本企业能从新视角联系已有知识					
	6.3	本企业能把新知识应用在工作实践中					
	6.4	本企业会根据新知识经常反思和改良技术					
	6.5	本企业有能力通过采用新技术使工作更有效					
	6.6	本企业能整合新旧知识，进一步开发原有产品					
	6.7	本企业能整合新旧知识，开发新产品					
集群工艺流程升级	7.1	本企业改进和创新生产工艺或生产组织的速度较快					
	7.2	本企业现有生产设备和生产工艺的技术水平比 3 年前更先进					
	7.3	本企业目前的生产组织方式比 3 年前更合理					
	7.4	本企业目前的生产成本比 3 年前更低					
集群产品升级	8.1	本企业成功推出的新产品种类较多					
	8.2	本企业成功推出新产品的速度较快					
	8.3	本企业目前产品的技术含量较高					
集群功能升级	9.1	本企业已经从制造环节拓展到产品营销环节					
	9.2	本企业已经把物流环节纳入业务范围					
	9.3	本企业已经积累了较强的设计能力，可按需求进行产品研制					
	9.4	本企业已经开拓了自主品牌和终端销售市场					

后　记

呈现在读者面前的这部著作，是在我所主持的国家自然科学基金项目“逆向研发外包驱动装备制造业突破性技术创新的机理和路径：双重创新网络嵌入演化视角（71673221）”、教育部人文社会科学研究规划基金项目“生产性服务外包对我国高端制造业竞争力的影响研究（15YJA630085）”、陕西省自然科学基础研究计划项目“基于逆向外包的陕西航空高端制造业集群升级机理研究（2015JM7373）”三个课题阶段性研究成果的基础上整理撰写而成的。看着即将付梓的文稿，感激之情不禁油然而生。回想 2007 年进入西北工业大学工作以来，我感触最深的是那无处不在、无时不有的压力与挑战。幸运的是，十年来我得到了来自学校、学院、家庭及同事等方方面面的真诚关怀和无私帮助，正因为如此，我的各项科研工作才得以顺利进行。在拙作即将正式出版之际，我要对所有关心、帮助和支持我的人表示最衷心的感谢。

本书的完成还得衷心感谢课题组成员的通力合作。课题组成员不仅以严谨求实的科学态度对待研究工作，还放弃了许多休息时间，深入企业调查，完成了大量的调查报告，这些成员有王娟茹教授、李慧副教授、段婕副教授、王文苑硕士、孟艳梅硕士和张渝硕士等。

在研究和撰写过程中，我们得到了社会各界朋友的大力支持。在此要特别感谢项目资助单位对此项目的资助，还要感谢西安阎良国家航空高技术产业基地管理委员会以及西安高新技术产业开发区管理委员会的鼎力帮助，正是他们的大力支持，我们的调研工作才得以顺利进行，并获得了丰富的第一手资料。

当然，曾经帮助过我的人无法一一列举，在此，向所有帮助我、理解我、关心和支持我的人致以最诚挚的谢意。

杨　瑾

2017 年 2 月 18 日